MAURICE MAGRE

LA CONQUÊTE

DES

FEMMES

— CONSEILS A UN JEUNE HOMME —

EUGÈNE FASQUELLE, ÉDITEUR
PARIS

MAURICE MAGRE

LA CONQUÊTE

DES

FEMMES

— CONSEILS A UN JEUNE HOMME —

EUGÈNE FASQUELLE, ÉDITEUR

PARIS

LA

CONQUÊTE DES FEMMES

DU MÊME AUTEUR

Dans la **Bibliothèque-Charpentier** *à 3 fr. 50 le volume.*

POÉSIE

La Chanson des hommes. . . . . 1 vol.
Le Poème de la jeunesse . . . . 1 vol.
Les Lèvres et le Secret . . . . 1 vol.

CONTES

Histoire merveilleuse de Claire d'Amour,
   suivie d'autres contes. . . . . 1 vol.

THÉATRE

Le Dernier Rêve, pièce en un acte, en vers
   (Odéon). [Fasquelle, édit.]. . . . . 1 fr.
Le Vieil Ami, comédie en un acte, en prose
   (Théâtre-Antoine). [Fasquelle, édit.] . . . . 1 fr.

Velleda, tragédie en quatre actes, en vers
   (Odéon). . . . . 1 vol.

EN PRÉPARATION :

Le Marchand de passions, trois actes, en vers.
L'an mille, quatre actes, en vers.
Les plus beaux jours de la vie, quatre actes, en
   prose.

MAURICE MAGRE

LA CONQUÊTE

DES FEMMES

— CONSEILS A UN JEUNE HOMME —

PARIS

LIBRAIRIE CHARPENTIER ET FASQUELLE

EUGÈNE FASQUELLE, ÉDITEUR

11, RUE DE GRENELLE, 11

1908

Tous droits réservés.

J'OFFRE CE LIVRE

A MON AMI MARCEL CRUPPI

La Conquête des femmes

PRÉFACE

Quand on monte un escalier, on passe devant des portes fermées et l'on ne songe pas
d'ordinaire que les clefs en sont souvent sous
les paillassons. Le petit morceau de fer qui
ouvre l'accès d'appartements aux meubles
rares, de salons délicats, est dans l'endroit où
l'on a coutume de frotter la boue de ses
pieds.

Ainsi pour obtenir l'amour des femmes il
faut connaître un petit secret, un talisman,
et c'est presque toujours sous le paillasson
sale que repose le précieux talisman.

L'auteur de ce livre a voulu soulever tous

les paillassons de l'escalier pour voir s'il y avait des clefs; il est demeuré surpris de la diversité de leur forme, il a pensé qu'il n'y avait pas de passe-partout qui pouvait ouvrir toutes les portes, et, comme il s'était sali les mains, il n'a osé entrer dans aucun appartement et il est redescendu dans la rue où il s'est trouvé tout seul.

Il n'a écrit ce qui suit que pour une certaine catégorie de jeunes gens.

Pourquoi ceux que la nature a faits, par un don aimable, grands de taille, beaux de visage et doués d'un esprit entreprenant avec la confiance en eux que donnent ces qualités, liraient-ils des observations et des conseils dont ils n'ont pas besoin? Car toutes les femmes disent qu'elles méprisent la beauté physique chez l'homme et qu'il n'y a que les qualités de l'intelligence et du cœur qui comptent pour elles, mais il n'en est rien. Un immense génie ne compense pas des taches de rousseur ou des yeux chassieux, les beaux triomphent des laids comme le jour triomphe de la nuit.

De même, ce livre n'est pas fait pour ces jeunes hommes purement studieux et spéculatifs qui se destinent à la philosophie ou aux sciences et qui ne font aucun cas de l'amour. Ils seront punis de leur conception bornée de la vie quand ils se marieront; car si leur femme est jolie, elle les trompera, si elle est laide, ils auront quotidiennement cette laideur présente devant les yeux.

Ceux que tente la carrière ecclésiastique, les commerçants très occupés, les magistrats sévères, ceux qui ont dans les administrations une situation élevée, et d'une façon générale les personnages hypocrites et d'une moralité conventionnelle doivent rejeter loin d'eux ce livre qui leur paraîtrait indigne et ne ferait que susciter leur colère et leur mépris.

Les femmes éclateront de rire tellement les jugements portés ici sur elles leur paraîtront faux, les mobiles de leurs actes mal expliqués, les subtils rouages de leurs cœurs grossièrement maniés, et elles s'exclameront d'un tel excès de sottise. Peut-être auront-elles raison. La vérité en matière d'amour est semblable

1.

au port de la chevelure que les femmes ont longue et nouée sur la tête et que les hommes portent courte. Elle est différente selon le sexe.

Je sais bien aussi que de riches oisifs penseront que les femmes ne sont séduites que par la fortune et ses avantages, les soupers dans les grands restaurants, l'offre de bijoux, les automobiles. Ce n'est vrai que partiellement. L'orchestre du Café de Paris ne suffit pas pour atténuer la tristesse de certains yeux; quelle que soit la qualité de son moteur, le nombre de chevaux de sa voiture, le riche chauffeur retrouvera-t-il sur la route un regret perdu de celle qu'il aime?

Ce livre est écrit pour des gens d'un physique médiocre, d'une fortune moyenne, qui estiment que l'amour est la chose la plus précieuse, celle dont il faut s'occuper le plus, car c'est d'elle que nous vient tout notre bonheur.

Ils me comprendront si ce sont des esprits un peu secs qu'une sensibilité trop grande aura amenés à cette sécheresse, si ce sont d'anciens romantiques dépouillés de leurs émotions de parade, comme ces vins qui en vieillissant perdent leur bouquet, mais gardent le pouvoir de donner l'ivresse.

Ils feront la part d'une excessive sincérité qui se brave elle-même, ils avoueront peut-être avec l'auteur qu'il y a une grande vertu dans l'aveu, que l'illusion n'est pas divine. Et ils sauront bien, du reste, qu'il y a plus de larmes cachées dans l'allégresse que dans une tristesse de commande, si on aime ce dont on sourit.

GRANDE IMPORTANCE DES FEMMES

Dans ma vingt-sixième année, au mois de
septembre, je découvris cette vérité essentielle
que la conquête des femmes est ce qu'il y a de
plus important dans la vie.

J'étais en vacances, chez mes parents, dans
la petite ville de V... Quelques légers succès
remportés à Paris et dont j'avais par mes paroles
augmenté l'étendue, le crédit que l'on faisait à
ma carrière artistique, me donnaient auprès
des miens et de leurs amis ce prestige qui entoure un jeune homme dont les facultés bril-
lantes présagent un grand avenir qu'aucune
réalisation n'a encore justifié.

Un matin en m'éveillant, avec cette clairvoyance que donne à l'esprit une longue nuit
de repos, j'eus le sentiment très net que ma
vie était misérable, que je ne possédais aucun
bonheur.

Pourquoi donc vivons-nous? me dis-je. J'ai
ici la sollicitude de mes parents, les bons repas,
les livres qui m'intéressent, des promenades qui
me plaisent, une belle maison avec un jardin
et la facilité de me taire ou de parler en sus-
citant le respect de mon silence ou l'admiration de ce que je dis. Je ne suis tourmenté par
aucun ennui d'argent puisque je n'ai aucun
sujet de dépense. La grandeur de la maison
paternelle, cette vague allure de parc, que prennent le soir les allées et les massifs du jardin
vus de ma fenêtre, les marches du perron et
l'empressement de la bonne à me servir me
donnent l'illusion de la vie luxueuse des châte-
lains. Un ou deux amis dont l'intelligence est
suffisante viennent me voir et j'ai la possibilité
d'évoquer des souvenirs d'enfance en les embel-
lissant, ce qui est un grand plaisir. Enfin, loin
d'une maîtresse charmante, je devrais goûter

avec l'absence d'amour une liberté que j'ai longtemps désirée.

Il n'en est rien. Je ne suis pas heureux. Voilà la table de famille : j'aspire à mal dîner dans un petit restaurant. Voilà les peupliers, ce canal avec son écluse, ce paysage méridional sans beauté mais qui me tient au cœur : je regrette les kiosques d'omnibus, le tumulte des rues populaires. Une douce sérénité est sur la campagne et je devrais en goûter le charme : je songe à ce délicieux mal à la tête que donne une journée de Paris. Ma chambre est bien close, la lampe ne fumera pas, on a préparé le sucre, l'eau et le citron : j'ai la nostalgie de la sonnette qui retentit brusquement, de l'angoisse qu'on éprouve à l'idée d'une réclamation d'argent.

Mais mal dîner, marcher dans des rues laides, avoir mal à la tête, redouter le gaz et Dufayel sont choses douloureuses en soi et qui ne se parent à mes yeux d'un prestige inattendu que parce qu'elles sont le cadre d'une beauté certaine.

Cette beauté, quelle est-elle ? Ce n'est pas

l'amour que je suis censé avoir à mes yeux et aux yeux des autres pour ma maîtresse, puisque la seule idée que je suis séparé d'elle m'est un apport immédiat de joie.

Ce qui me manque, ce sont les femmes, toutes les femmes qui vivent à Paris, celles que je frôle dans les grands magasins, celles qui sont dans les thés à cinq heures avec des jeunes gens qui ont plus d'autorité et plus d'élégance que moi, celles qui descendent de voiture, paient le cocher, traversent le trottoir, rentrent chez elles, avec assez d'absence de curiosité pour ne pas même lever les yeux sur le passant immobile et béant d'admiration que je suis alors.

Le but de la vie, ce qui nous donne la plus grande somme de bonheur possible est donc de plaire aux femmes, de conquérir des maîtresses attrayantes et jolies.

Connaître le but de la vie est la chose principale. Quand cette vérité me fut révélée, je compris que j'avais marché jusqu'alors comme un aveugle en tâtonnant et que maintenant seulement je voyais la lumière. J'avais pris le goût de la réussite, la vanité de la célébrité, l'amour de la poésie et de la nature pour les suprêmes aboutissants de mes efforts, tandis qu'ils n'étaient que d'humbles moyens. J'eus du remords de mon erreur. Je me jurai à moi-même de la réparer.

PRESTIGE D'UNE MAUVAISE RÉPUTATION

Il faut avoir beaucoup de femmes. C'est le nombre qui d'abord est important. Quand on aura eu beaucoup de femmes, on en aura peut-être une.

Il faut s'efforcer de plaire aux femmes, même si cela vous ennuie; il faut s'efforcer de vaincre leur résistance, malgré les comédies ridicules, la stupidité des paroles, les haleines désagréables, l'imperfection des formes découvertes. Une tête qui se penche sur votre épaule est un peu plus de confiance en soi, une richesse pour le souvenir.

Le temps perdu, la bouche fade, le goût souvent désagréable de la poudre de riz, la fatigue, la tête vide, pèsent moins, si l'on fait le total des gains et des pertes que le sentiment de la victoire morale remportée.

Puis, dans le contour des épaules différentes, dans les spontanéités qu'on ne pouvait soupçonner, dans chaque mode personnel d'abandon, est la variété infinie de la beauté.

Il faut avoir beaucoup de femmes. Jamais les yeux ne ressemblent aux yeux, jamais le sein ne ressemble au sein, jamais l'amour ne ressemble à l'amour. L'une est brutale, l'autre est tendre, l'autre est cynique, l'autre pleure, l'autre crie. Soi-même l'on est divers, selon l'heure, le désir ou le regret.

Celui qui réalise ce soi-disant idéal d'épouser au début de sa vie une jeune fille vertueuse, jolie et qu'il aime, est un misérable fou ou plutôt un pauvre aveugle, même s'il est heureux avec elle toute sa vie. Car le bonheur qu'il connaîtra sera un bonheur quotidien, médiocre et sans élévation. Il sera pareil à un homme qui n'a, pour seule nourriture, que du pain bis et qui s'en contente, parce qu'il ignore la merveilleuse diversité des mets, l'art de la nature à donner des produits savoureux, l'art des cuisiniers à les préparer. Il sera pareil à un homme qui possède un livre plein de belles légendes. Il a lu la première qui lui plaît et il se refuse à lire les autres pour ne pas gâter l'impression qu'il en a, privant ainsi son imagination du merveilleux trésor de poésie enfermé dans le livre.

La première femme vous fait goûter la seconde par comparaison et la troisième, quand elle sourit, est éclairée du sourire des deux premières.

C'est une grande erreur des amants de jurer qu'ils aiment pour la première fois. La centième maîtresse se prétend jalouse des quatre-vingt-dix-neuf autres. Il n'en est rien. De l'amour inconnu de ces rivales absentes est fait son amour. Elle voudra surpasser en tendresse, en volupté surtout, ces quatre-vingt-dix-neuf ennemies et l'on bénéficiera de cet effort. Il conviendra de laisser paraître un vague regret pour des caresses anciennes et ainsi les caresses présentes seront d'autant plus passionnées.

Il faut avoir beaucoup de femmes pour qu'on dise de vous : « Il a beaucoup de femmes » ou des choses telles que ceci : « C'est un coureur ; il est comme un papillon ; on ne le voit jamais avec la même femme : il aime à droite et à gauche ; comment fait-il pour connaître tant de femmes ? »

Car presque toutes les femmes disent : « Jamais je ne pourrais m'attacher à un homme qui ne serait pas à moi seule. J'ai horreur de cette sorte d'hommes qui n'ont ni cœur ni fidélité. » Presque toutes les femmes mentent ou se dupent elles-mêmes en parlant ainsi. Et il conviendrait de savoir jusqu'à quel point une plus mauvaise réputation encore n'exercerait pas un plus puissant attrait. Et tout semble indiquer, bien qu'aucune bouche de femme n'ose jamais l'avouer, que la mésestime morale dont un homme est environné est un prodigieux élément de séduction.

L'homme courageux qui, dans un but pratique, aurait assez de force pour tenir sa dignité

cachée dans son cœur et affecterait les sentiments d'un homme vil, possédant à la fois sa
propre noblesse, comme un soutien secret, et le
prestige de la corruption, comme un vêtement
magnifique, serait celui qui aurait le plus de
femmes.

Il faut avoir beaucoup de femmes, en vérité,
voilà qui est certain. Mais cela est difficile.

FACILITÉ DES FEMMES

Il est difficile d'avoir beaucoup de femmes parce qu'on croit que c'est difficile. Mais cette difficulté tombe si on est persuadé qu'elle n'existe pas.

L'homme exerce une profession, il est avocat, comédien. Il peint, il écrit des vers. Il pense à autre chose qu'à l'amour. Mais la femme ne peint qu'elle-même, ne travaille qu'au poème de son corps ; son art suprême est de se donner avec le plus d'agrément possible. C'est là l'unique but de sa vie. Elle a donc pour se donner plus de facilité que l'homme pour la désirer.

Il n'est point de robe insoulevable. La femme la plus vertueuse se dévêt ou se dévêtira pour quelqu'un. On peut être celui-là.

Les obstacles moraux doivent être considérés comme médiocres. Je veux dire qu'il ne faut pas tenir un compte exagéré de l'idée de devoir qu'une femme mariée, par exemple, prétend avoir en elle. La nature a préparé les souffles irrésistibles du soir, les langueurs du printemps, les mouvements des nerfs, les vertiges que donne l'excès du repos pour triompher d'une morale conventionnelle.

Une seule seconde où les poignets sont brûlants, où la tête bourdonne, où la femme éprouve le besoin impérieux de n'être plus qu'un jouet, un docile instrument de plaisir aux bras d'un homme, a plus d'importance que vingt années de résolutions vertueuses.

Les femmes sont faciles. Il ne faut pas se dire sottement : « Même si cette femme y consentait, où et comment pourrait-elle être ma maîtresse ? Sa vie est régulière. Comment échapperait-elle à la surveillance de son mari, de sa petite fille, de sa bonne, de ses relations ? »

Absurde question que l'on se pose trop souvent ! La femme la plus délicate, celle qui a les sentiments les plus élevés, est capable d'une grossière audace, d'un geste dont la volupté compense la vulgarité pour réaliser un dessein que ses sens ont formé, souvent à son insu.

Dans la petite ville de V... il était matériellement impossible à une femme mariée de tromper son mari. J'avais alors seize ans et madame de M... représentait pour moi un idéal de femme élégante, aristocratique et inaccessible. Je riais à la fois et m'indignais d'un certain Bergis, petit employé sans charme physique et assez timide, qui prétendait recevoir des œillades favorables de madame de M... et avoir obtenu des pressions de mains significatives et des paroles encourageantes, les deux ou trois fois où, à l'occasion d'une kermesse ou d'une rencontre à la gare, il avait eu l'occasion de lui parler. Cela durait depuis un an et n'avançait nullement.

Je le rencontrai un soir, suffoqué par l'ivresse, la terreur et l'amour. Son trouble n'était pas simulé.

Il me raconta qu'il était allé pour la première fois chez madame de M... faire une commission à son mari de la part du percepteur. Le mari étant absent, on l'avait conduit dans le jardin où madame de M... était assise. Après quelques minutes de conversation, sans qu'il ait rien fait pour cela, il avait eu madame de M... sur le banc où ils se trouvaient. Il faisait encore jour et l'on pouvait les apercevoir. La bonne était tout près de là et l'on entendait sa voix. Mais madame de M... avait oublié le monde extérieur. Et seuls, ceux qui en ont fait l'expérience peuvent savoir quelle initiative, quelle bonne volonté, doit avoir une femme qui se donne pour la première fois à quelqu'un, sur un banc et sans autre préparation.

Cette histoire, il m'en souvient, fut pour ma jeune âme une désillusion, quand, au contraire, elle aurait dû être un encouragement.

Les femmes sont faciles. Voilà bien ce qu'il faut se dire sans cesse. Quand nous voyons marcher devant nous une femme jolie, avec un mouvement voluptueux de hanches, nous songeons :

« Je voudrais bien passer la nuit avec elle. »

Les femmes les plus respectables font exactement les mêmes réflexions. La seule différence est que nous tenons de tels propos même quand nous n'avons aucune envie de réaliser notre souhait tandis qu'elles, ne disent rien, même si elles en ont une envie folle.

Dans nos conversations entre hommes, nous parlons des femmes avec grossièreté, nous plaisantons, nous donnons des détails physiques et nous parlons ainsi, même quand il s'agit d'une maîtresse tendrement chérie.

Les femmes, entre elles, sont peut-être plus réservées. Mais leur pensée est infiniment plus audacieuse et impudique que la nôtre. Elles vont plus loin que nous dans le domaine de la curiosité. Il est aisé de s'en rendre compte en observant à quelle hauteur se pose de préférence le regard de beaucoup de femmes curieuses quand elles sont en présence d'un homme.

L'amour avec ses exigences physiques est à leurs yeux une chose plus légitime, plus normale que pour nous, parce qu'elles l'entourent de moins de complications. Elles pensent sans cesse à se donner, elles sont faciles par nature.

EST-IL INDISPENSABLE D'ÊTRE RICHE?

J'ai beau avoir un complet neuf, un chapeau dur et correct, m'être dépouillé de cet air artiste que j'avais malencontreusement affecté pendant des années, il s'échappe de moi un je ne sais quoi qui fait qu'on sait tout de suite que je ne suis pas un homme riche.

La première fois que j'ai demandé Henriette L... à son concierge, celui-ci m'a répondu bienveillamment que c'était au premier à droite. Et dans son œil j'ai lu tout de suite le jugement sans appel qu'il portait sur moi :

— Allez, jeune homme. Allez faire la cour à

madame L... Vous réussirez ou vous ne réussirez
pas, cela m'est égal. Mais ce qui est certain,
c'est que vous ne payerez jamais sa voiture et
son appartement et que je n'obtiendrai de vous
que des billets de théâtre ou de petites sommes
sans importance.

Si on a pour maîtresse une femme plus riche
que soi, il faut agir avec prudence, les premières
fois que l'on sort avec elle. Les femmes ne
savent guère de quel argent on dispose. Si on
leur dit : « Je gagne dix mille francs ! » elles
ignorent si c'est par an ou par mois, et elles seraient plus tentées de croire que c'est par mois.

Si dès le début on se livre à des dépenses
au-dessus de ses moyens, comment ensuite revenir sans honte en arrière? Quand on a été
dîner avec sa maîtresse dans de petits restaurants, elle a du plaisir à aller dîner un jour
dans un restaurant plus grand. Un lieutenant
passe volontiers capitaine, mais on n'a jamais vu
un capitaine être nommé lieutenant sans qu'il
donnât immédiatement sa démission.

Il convient d'avoir toujours l'autorité, l'aisance, le laisser-aller des gens qui ont beaucoup

d'argent. Si on a eu la folie de partir, un soir, pour aller au théàtre et souper ensuite, sans avoir sur soi la somme qui permette de faire face à toutes les dépenses, il faut se garder de laisser percer la moindre anxiété, il faut se garder de parler de ces questions misérables. Quelque migraine subite et invincible doit vous ramener chez vous, non sans que des prodigalités (très petites naturellement) ne déguisent la vraie cause du mal.

D'une façon générale, ces fleuristes qui vous présentent des bouquets aux terrasses des cafés sont de précieux auxiliaires. On a coutume de les chasser en se plaignant de leur importunité. On a tort. Pour quelques sous on paraît généreux, on fait un cadeau et ce cadeau est revêtu du prestige sentimental que les fleurs ont pour les femmes.

De même, les personnages faméliques qui courent chercher les voitures, ouvrent et ferment les portières, quand ils reçoivent vingt centimes au lieu de dix, ont des paroles de louange qui ne sont pas perdues et tombent dans la balance de l'amour.

3.

Il n'est pas indispensable d'être riche pour conquérir les femmes, et il est faux de dire que les femmes qui ne coûtent rien coûtent plus cher que les autres. Car si l'on fait l'addition, les femmes qu'on paye nécessitent les mêmes dépenses, plus l'argent qu'on leur donne, moins l'amour qu'elles ne vous donnent pas.

Car il semble mathématique qu'à mesure qu'un homme développe par ses bienfaits le sentiment de la reconnaissance dans le cœur d'une femme, il diminue son amour. La reconnaissance est toujours mêlée d'une certaine amertume, du regret de l'infériorité dans laquelle on est, de la pensée que le bienfaiteur ne fait pas assez, ne fait pas, en tout cas, tout ce qu'il pourrait faire.

Une femme qui reçoit un sac en or, a toujours vu chez une de ses amies un autre sac en or, plus beau, d'un tissu plus fin, orné de petits diamants. Elle pensera aussitôt que l'ami qui lui donne ce sac a de belles propriétés, une banque prospère, fait pour lui personnellement de grandes dépenses; l'absence des petits diamants effacera tout le plaisir causé par le don du sac ; il lui semblera que ces diamants lui revenaient de droit, qu'ils lui ont été en quelque sorte volés.

Et de quel doute amer doit être saisi celui qui fait les frais de tous les meubles, de toutes les robes, de l'électricité et de la salle de bain ? Quel plaisir peut-il éprouver, qui ne doive pas être gâté par le sentiment que toute joie est conventionnelle autour de lui, que celle qu'il aime lui fait poliment les honneurs de son bien, de même qu'un fermier présente au châtelain les vignes et les champs qu'il a cultivés et où il se plaisait, tant que le maître n'était pas là?

Et comment ce riche, quand il aura payé la note du tapissier et de la couturière, ne songera-t-il pas, en recevant le baiser de sa maîtresse, qu'elle paye aussi une note, et comment ne craindra-t-il pas que cette monnaie ne soit fausse, cette monnaie subtile qui n'est pas susceptible de vérification ?

CHOIX DU MILIEU

Il faut avec soin choisir le milieu où l'on veut
chercher une maîtresse, il faut, avant de s'efforcer à plaire, se demander si l'on a quelques
chances de réussir.

Il y a une foule de gens désagréables, anti-
pathiques, qui nous donnent, quand nous les
rencontrons sans les connaître encore, d'indu-
bitables marques de dédain et qui deviennent
charmants, amicaux, dès que nous entrons en
relations avec eux et que nous pénétrons dans
leur intimité. De même pour les femmes, nous
sommes impressionnés par toute une catégorie
d'orgueilleuses qui passent sans voir dans la

rue, qui font à peine, quand on leur est présenté, une légère inclinaison de tête et qui ne tendent pas la main, même à des gens qu'elles connaissent beaucoup.

Ces orgueilleuses ne sont la plupart du temps que des timides. Elles aspirent ardemment à se débarrasser de ce lourd fardeau qu'est la gêne que des personnes inconnues leur inspirent. Comme d'une armure, elles se sont revêtues d'une fierté apparente. Elles ne peuvent pas relever la tête, à cause de leur casque de mépris ; comme des coups d'épée elles lancent des regards superbes. Mais elles voudraient bien déposer les armes, ne plus combattre, faire la paix. Il suffit quelquefois pour les y inciter d'une parole familière. Et quand ces terribles guerriers ont ôté leur vêtement artificiel, ils deviennent les plus dociles des esclaves.

Il faut se méfier des femmes qui ont un caractère enfantin, qui sont puériles, affectent de ne rien savoir, rient de tout et ont conservé comme un souvenir, mais pour s'en amuser de temps en temps encore, disent-elles, les poupées de leur enfance.

Les juives sont les maîtresses des seuls juifs. Un chrétien n'en peut attendre que désagréments et hostilités.

Les femmes de café-concert sont les maîtresses de chanteurs comiques. Les ouvrières ont les employés de magasin et les femmes qu'on trouve à minuit dans les cafés de Montmartre ou du quartier latin ont des hommes qui sont à la même heure dans des bars avoisinants.

Une Anglaise élevée en Angleterre ne peut pas aimer un jeune homme qui arrive de province et qui a été élevé en province. Mais il n'en est pas de même pour une Russe, surtout si elle est, ou dit être, nihiliste.

Mon ami le sculpteur M... avait à plusieurs reprises, rencontré des femmes du plus grand monde cherchant fortune à Bullier et au Moulin Rouge. Il décrivait même complaisamment les splendides hôtels où ces femmes du monde avaient eu l'imprudence de l'amener.

Il faut absolument renoncer à jouir d'une pareille faveur.

On ne doit même pas regarder les femmes

qui tiennent un commerce, les gérantes qui
siègent derrière un comptoir, et cela pour
plusieurs raisons. Étant exposées à la vue, elles
sont accoutumées à recevoir des lettres et des
sollicitations. Étant occupées tout le jour, elles
n'ont pas le temps d'aller à un rendez-vous.
Enfin pour les voir et montrer son amour on est
obligé d'acheter une certaine quantité des
objets qu'elles vendent et qu'on ne peut, la
plupart du temps, employer. L'inconvénient est
naturellement d'autant plus grand que les
objets sont plus coûteux et de dimension considérable.

Les femmes mariées exercent souvent à tort
un grand prestige sur beaucoup de jeunes gens.
Un des plus grands inconvénients de leur
amour est d'être obligé de grimacer et de
zézayer pour parler à leur enfant en bas âge.
Cet enfant ne manque jamais de montrer une
inexplicable antipathie pour l'amant de sa
mère. Il mange vos bonbons, vous frappe à la
dérobée avec une petite pelle en bois et pousse
la malice jusqu'à ne pas se moucher quand on
est absolument forcé de l'embrasser. Il faut

louer perpétuellement son intelligence et c'est déjà bien beau si l'on n'est pas obligé de composer une petite poésie en son honneur, le jour de sa fête.

Les jeunes filles sont infiniment mieux disposées à l'amour qu'on ne le croit généralement. Le seul danger est l'importance qu'elles y attachent.

La demi-vierge est une création de l'esprit, une entité. Il n'y en a pas.

Pour un jeune homme qui s'adonne à un art quelconque, le milieu le plus favorable à Paris est une petite bourgeoisie aisée, amoureuse de théâtre, où il y a beaucoup de femmes divorcées et vivant seules, où les artistes qui ont une notoriété même modeste sont reçus et honorés, où l'on joue encore de temps en temps aux charades et où il suffit de dire qu'on a, la veille, fumé de l'opium avec des officiers de marine pour être entouré d'une auréole d'exotisme et de rêve.

Cette petite bourgeoisie est très nombreuse. Elle fait peu parler d'elle, elle est ignorée, elle est le cadre du bonheur. Les femmes y ont cet élément indispensable de l'amour : l'oisiveté.

Les jeunes filles y sont libres ; elles vont à des cours de dessin, à des conférences de la Sorbonne ; elles visitent les musées.

On y est souvent invité à dîner à la fortune du pot et le repas est plein de bonhomie et d'amitié.

C'est là que l'on souffre le plus de tromper, soit des parents, soit un mari. Mais le bonheur est toujours proportionné au remords.

RECHERCHE DE LA FEMME IDÉALE

De même qu'un nageur nage pour faire de
l'exercice et sentir la fraîcheur de l'eau, qu'un
bavard parle par goût de parler, qu'un commer-
çant vend des objets à un prix plus élevé que
leur valeur dans un but de spéculation, de
même un amant aime naturellement pour
aimer.

Mais consciemment, où à son insu, il est à la
recherche d'un bonheur sublime. Ce bonheur
existe, il le sait. Il en a eu le pressentiment, il
en a connu même un commencement de réalisation.

A l'heure de l'abandon, quand sa maîtresse a pressé tendrement ses lèvres contre les siennes, s'efforçant de mêler aux caresses physiques le don de son cœur, il a durant quelques secondes éprouvé une émotion que nulle parole ne peut redire.

Mais cette émotion a été brusquement troublée. Tel défaut du corps bien-aimé lui est apparu avec une saisissante vérité. Il savait bien que le nez de sa maîtresse était, proportionnellement au reste de son visage, un peu long. Mais voilà que, sous la suggestion du bonheur, ce nez apparaît démesuré, étonnant, et il s'allonge encore, interrompant l'harmonie de beauté que l'amant créait dans son esprit.

Ou bien, il aperçoit soudain un pied nu qui s'échappe du drap. Et il remarque avec tristesse que ce pied ne forme pas un ensemble régulier, mais que chaque doigt est autonome, a sa vie propre et s'agite comme s'il était brouillé avec son voisin.

Et si le corps est parfait, ou tout au moins s'il le paraît à l'amant illusionné, celui-ci ne sera-t-il pas nommé « agneau » ou « poulet »

par son amie pâmée, n'entendra-t-il pas un ridicule diminutif de son nom, une parole stupide, qui arrêtera en lui le cours d'une rêverie
charmante ?

Parfois aussi celle qu'on aime aura un excès
de pudeur peu convenable à la volupté. Ou bien
c'est l'excès de sa liberté qui sera choquant ; elle
emploiera des termes trop exacts, désignera
avec trop de hardiesse ce à quoi on pense sans
en parler.

Mille raisons pourront rendre le bonheur de
l'amant incomplet. Mais chaque espérance nouvelle, chaque déception, lui donneront un désir
plus grand de trouver la femme parfaite, la
femme idéale qui n'aura pas de défauts ou qui
n'aura que des défauts qui correspondront à son
amour particulier de certaines imperfections.

Si l'on ajoute à la difficulté de cette intime
correspondance l'exigence des corps, mystérieux dans leurs rapports, soumis à la fatigue,
aux orages, aux maladies et ne relevant que
d'une sensibilité personnelle inanalysable ; si
l'on tient compte des barrières que créent les
fortunes, les situations, de l'impossibilité de

4.

faire connaissance avec les femmes qui n'appartiennent pas à votre milieu, l'on songera que le bonheur absolu de l'amour est difficile à atteindre.

Doit-on trouver un jour la femme idéale ? Celui qui a beaucoup de chance, encore plus de bonne volonté, qui voudra obstinément ne pas voir, qui s'efforcera d'être sourd, pourra peut-être, après un grand nombre d'expériences, croire qu'il l'a rencontrée.

LA PREMIÈRE IMPRESSION

La première impression est toujours la bonne, disent les femmes.

Cela leur est commode, parce qu'elles ont l'horreur d'observer: A cause de cette paresse, il faut aussi prendre bien garde à la personne qui vous présente. On est vulgaire, si l'on est présenté par un ami vulgaire, riche si l'on est présenté par un ami riche.

Être présenté à une femme à laquelle on veut plaire par une autre femme est une chose inestimable, surtout si celle-ci a dit du mal de vous car la curiosité est piquée.

Si, la première fois qu'on a vu une femme,
on avait un col trop large qui donnait la sensation que votre cou était mal vissé sur vos
épaules; si parce qu'il pleuvait on avait mis un
costume d'allure désuète dont le pantalon était
trop court et si, pour ces raisons, la femme
vous a rangé dans la catégorie des personnages
ridicules, il sera vain, tous les jours de la vie
qui suivront, d'avoir un col étroit à souhait,
un costume qui va bien, la femme ne reviendra
jamais sur sa première impression, on sera
toujours ridicule pour elle, on n'aura jamais
aucune chance d'être son amant.

Car la femme est comme une plaque photo-
graphique. Elle reproduit une fois une image
qui n'est pas susceptible de modification. Et
elle est avide d'avoir immédiatement de quelqu'un une opinion définitive et simple. Pour
elle un homme est brave, avare, poétique.

Si l'on a le malheur de dire dans la conversation que l'on a l'habitude de prendre du café
au lait tous les matins et que l'on ne peut s'en
passer, on est un vieux garçon avec des habitudes régulières, bourgeois, pot-au-feu, et la

femme a la vision confuse que vous mettez un bonnet de nuit pour dormir.

Une indication de jalousie vous fait passer pour un cruel Othello, et malgré votre indulgence naturelle, la femme voit à mille signes que vous êtes tyrannique et peut-être brutal.

De même il suffit de déclarer que l'on ne fait jamais de visites pour être considéré comme un indépendant qui brave tous les préjugés et est amoureux de sa liberté.

Cinquante centimes habilement donnés à un pauvre vous assurent pour toujours une réputation de générosité d'autant plus certaine qu'on sait que vous avez peu de fortune.

De même, si l'on a quelque avantage à passer pour très gai, il faut se hâter de plaisanter, de raconter certaines farces faites par vous; car s'il était décrété que vous étiez un triste, une tristesse éternelle vous serait imposée pour toujours que l'hilarité de Triboulet ne pourrait compenser.

Parlez beaucoup dans la crainte d'être considéré comme silencieux. Vous pourrez vous taire à loisir quand vous aurez la réputation de parler beaucoup et bien.

Du reste l'opinion qu'on a de notre personnalité la modifie en réalité. L'on est un parfait amant si la femme qu'on aime vous juge tel.

RAPPORTS DU BONHEUR
ET DES VÊTEMENTS QU'ON PORTE
AU MOMENT OU ON EST HEUREUX

Le bonheur dure cinq minutes, pas plus.
D'ordinaire on ne sait pas qu'on est heureux à
ce point. On est comme un voyageur qui tra-
verse sans Bædeker un paysage célèbre et
voit des monuments dont il ignore le nom et
l'histoire. Il les juge sans indulgence, directe-
ment, selon ce qu'il éprouve. Quand ensuite on
lui dit : c'était la chapelle Sixtine, c'était l'Acro-
pole, il regrette de ne pas avoir admiré assez, il
attribue à son ignorance et à sa sécheresse de

cœur sa méconnaissance des grandes beautés.

Ainsi, durant les quelques minutes imprévues où les circonstances nous donnent ce que nous appellerons ensuite le vrai bonheur, comme nous ignorons que ces minutes deviendront illustres dans notre souvenir, nous ne jouissons pas d'elles, même nous critiquons l'opportunité d'événements que nous devons plus tard raconter à nos amis en nous émerveillant d'eux.

Je me souviens qu'enfant j'éprouvai dans la douleur une des plus grandes joies de mes premières années. A l'occasion d'une exposition le shah de Perse était venu à T.... Mes camarades du lycée et moi nous en étions longuement entretenus, à cause du caractère mystérieux qu'avait pour nous ce grand personnage. On lui offrit un banquet solennel, sous une tente, dans un jardin public de la ville. J'étais avec ma bonne au premier rang parmi la foule qui regardait de loin avec admiration. Mon père, qui assistait au banquet, m'aperçut et envoya

un agent me chercher. C'était le moment du
dessert ; je bus du champagne, je mangeai des
gàteaux. Le shah de Perse sourit en me regardant et prononça quelques mots aimables sur
ma bonne mine.

Il est certain que la satisfaction de ma gour-
mandise, la gloire unique dont je me sentais
couvert, la possibilité de susciter l'envie de
mes petits amis le lendemain, auraient dù me
donner une somme de bonheur considérable.
Il n'en était rien. Les gàteaux étaient d'une
pàte sans saveur, le champagne semblable à
l'eau claire. Un col marin trop empesé et que,
sans raison, je croyais ridicule, hypnotisait ma
pensée. J'étais transporté dans un univers
d'angoisse où les sensations ne me parvenaient
qu'effacées mais toujours douloureuses. Je ne
savais pas que je devais être heureux.

On n'atteint jamais le sommet du bonheur
quand on le cherche. On est comme celui qui
marche sur les montagnes à travers le brouil-

lard. Tout à coup se fait une éclaircie; on
s'aperçoit qu'on est sur le point le plus élevé
et on découvre soudain des vallées lointaines,
d'autres montagnes qu'on ne soupçonnait pas,
de grands horizons. Les aspects de la vie sont
soudain amplifiés, le sang bat plus vite dans
les artères, on comprend mieux, on est uni à
toutes les choses par une sympathie parfaite.
Mais le brouillard se reforme rapidement, les
horizons se limitent, les beautés s'atténuent, il
faut recommencer à marcher dans la brume des
heures médiocres.

Jamais la réalisation de l'amour n'a donné,
je crois, la plénitude du bonheur. On trouve
d'ordinaire ces instants divins lorsqu'on reçoit
des marques de sympathie inattendue de la
part d'une femme qu'on aime et dont on ne se
croyait pas aimé.

Mais si l'on veut éviter d'amers regrets, si
l'on ne veut pas empoisonner la source des
souvenirs, il faut se dire qu'on a, avec son cos-

tume, soit un auxiliaire, soit un ennemi, et que la minute la plus exquise peut être gâtée par la négligence des vêtements.

A la fin d'une soirée chez Henriette L..., comme les quelques amis présents étaient sur le seuil de la porte et serraient la main de la maîtresse de maison, elle se tourna vers moi qui étais le dernier et me dit doucement :

— Restez un peu, nous causerons.

Je lui faisais depuis longtemps la cour et je croyais l'aimer. Elle avait été jusqu'alors réservée à mon égard et même, parfois, avait montré une froideur qui semblait vouloir me décourager. Il était minuit et elle me disait de rester seul avec elle. Elle laissait partir un jeune homme plus grand que moi de taille, mieux vêtu, d'une conversation plus brillante que la mienne et que je jalousais en secret parce que je supposais qu'il avait été l'amant d'Henriette L...

Il m'arrivait donc un grand événement heureux, mais un torrent d'allégresse ne descendit pas en moi. Le chapeau et le pardessus que je tenais à la main prirent soudain un poids inattendu. Je me sentis la consistance, la froideur et le manque d'équilibre d'une statue. Je vis dans l'œil de mademoiselle B..., de l'Opéra-Comique, qui boutonnait son gant, une lueur d'étonnement pour le sourire subitement stupide qui avait apparu sur mes lèvres.

Personne ne remarqua ou ne sembla remarquer que je restais et mon ami Charles, qui était au bas de l'escalier, ne remonta pas pour me rappeler que nous devions aller ensemble à Montmartre.

Henriette L... me conduisit dans un petit boudoir bleu. Elle était décolletée et elle enleva ses bagues qu'elle déposa dans un écrin. Elle n'avait rien de particulier à me dire, je le compris aisément. De plus, elle avait perdu cette raideur d'attitude de la femme qui se dit qu'elle va être embrassée d'un instant à l'autre et qui ne veut pas y consentir.

Mais comment aurais-je pu goûter le charme de cet imprévu, les parfums mélangés, le vertige d'après minuit, le sourire encourageant, les paroles à double sens, puis enfin les lèvres abandonnées? Comment, en répétant machinalement des phrases tendres, en donnant au petit

bonheur de conventionnels baisers, n'aurais-je
pas eu comme but suprême de partir rapidement
sans déshonneur? Comment, au lieu de me laisser
aller au plaisir, n'aurais-je pas simulé une factice ivresse plus sentimentale que sensuelle?
Car tout mon corps était dévoré par une
flamme pénétrante. Je sentais sur moi la tunique
de Nessus me brûler. Nouvelle Déjanire, ma
femme de ménage, trop prudente ou trop per-
fide, craignant pour moi le froid à cause du
gilet ouvert de mon habit, m'avait tendu, le soir
même, un tricot que j'avais mis sous ma che-
mise. Ce tricot était d'un tissu grossier. J'esti-
mais que les yeux d'une femme ne pouvaient
le voir sans honte pour moi. Je crois maintenant
que j'avais tort et que nous ne valons que par
nos actions. Mais quoi qu'il en soit, ce tricot me
brûlait et me paralysait. Il était le principal
acteur de cette soirée. Au lieu de jouir de mon
bonheur, je pensais à sa forme odieuse, à ses
manches étroites. Je me souvenais avec douleur
de l'instant où j'avais hésité pour savoir si je le
mettrais ou non et où un mauvais génie m'avait
poussé à m'en revêtir.

5.

Évidemment, mille choses pouvaient s'accomplir sans que l'existence du tricot fût même soupçonnée. Mais l'idée qu'une action inattendue pourrait le faire apparaître, me glaçait d'épouvante.

Après d'invraisemblables hypothèses par lesquelles je me serais dépouillé en secret de ce fatal tricot, mais dont je vis rapidement l'impossibilité, je me décidai à mêler habilement le respect à la volupté, j'expliquai combien il était délicieux de prolonger le désir et de retarder le moment de posséder la femme qu'on aime.

Henriette L... n'osa pas ne pas m'approuver. Même, malgré la décision que j'avais lue dans ses yeux, elle se défendit d'avoir pensé à se donner, pour ne pas montrer une délicatesse moins grande que la mienne.

Et je la quittai, à l'heure la plus favorable pour l'amour, ayant traversé avec un cœur torturé un sommet divin, comprenant pour la première fois le sens du vieux proverbe ainsi modifié :

L'homme heureux n'a pas de tricot.

MÉTHODE SENTIMENTALE :

THÉORIE DES AMES-SOEURS ; DANGER DU PARAPLUIE, ETC.

Le procédé sentimental est, pour séduire les femmes, le plus employé, mais en province seulement.

Alphonse Daudet fait dire quelque part à un de ses personnages que pour s'assurer définitivement l'amour d'une femme, il suffit de se servir de trois mots magiques, soit dans une lettre, soit dans une conversation. Ces trois mots qui font s'ouvrir les bras des maîtresses comme le Sésame d'Ali-Baba faisait s'ouvrir la caverne des voleurs, sont : àme, fleur, étoile.

Mon ami le poète L... avec qui j'allais jadis dans des réunions mondaines fut, pendant un temps, très recherché des femmes du milieu que nous fréquentions. Il devint même l'amant de celle qu'il désirait et qui était la plus jolie. Les moyens qu'il employait pour arriver à ses fins étaient très simples. Il arrivait dans une soirée, même quand tout le monde était en habit, revêtu d'une longue redingote noire serrée à la taille. Il avait des cheveux longs et une cravate flottante. Il ne prononçait, sous aucun prétexte, la moindre parole. Il s'asseyait dans un coin, tout seul, et inclinait sa tête sur sa main comme si elle était pesante d'un poids d'amour infini. Si j'allais lui parler, il ne me répondait pas et ses yeux exprimaient une tristesse inexplicable, car il était d'un naturel joyeux et peu d'instants avant, dans la rue, avec moi, il s'était livré à mille plaisanteries. Mais un sûr instinct, car il n'était pas assez intelligent pour raisonner sa méthode, l'avertissait que là était le bon moyen de triompher.

Il représentait dans ce milieu bourgeois l'idéal romantique. Il en avait le visage et le costume.

Cela suffisait. Les discours n'étaient pas nécessaires. Il était un ornement de ces soirées. On briguait l'honneur de le posséder. Et tandis que je rougissais du silence stupide de mon ami, de l'ennui qu'il répandait autour de lui, je ne m'apercevais pas qu'il se gagnait toutes les sympathies par sa mélancolie affectée et que toutes les paroles aimables que je prononçais pour compenser étaient considérées comme un bavardage insupportable à côté de sa noble méditation.

Mon ami R..., qui remporta avant son mariage de grands succès auprès de modistes, de dactylographes et d'élèves du Conservatoire, employait, consciemment du reste, un moyen qu'il déclarait excellent. Il faisait la théorie des âmes-sœurs. Cela consistait à expliquer qu'il n'existait sur toute la surface de la terre qu'une seule femme dont l'âme était semblable à la sienne, pouvait le comprendre et l'aimer. Le bonheur dans l'amour était fait de la rencontre de deux êtres créés l'un pour l'autre. Mais cette rencontre, vu la grandeur du monde et la mauvaise volonté de la divinité qui mêlait au hasard les individus, était infiniment rare.

Cela posé, il déclarait à la femme surprise et ravie qu'une coïncidence inouïe avait eu lieu, qu'il en était averti par une intuition certaine, qu'il formait avec elle le groupe unique des âmes-sœurs.

Comment une jeune fille qui a vendu des rubans toute la journée ne serait-elle pas profondément émue par la pensée qu'un si rare bonheur l'attend devant la porte de son magasin et qu'elle est favorisée d'une telle chance ?

Et il s'ajoutait pour elle à cela le prestige d'avoir gagné le gros lot à une invisible loterie dont le billet ne lui avait rien coûté.

Ce même R... comptait moins pour plaire sur ses qualités de cœur, sa fidélité, ou sa beauté physique, que sur le manteau violet d'un seigneur de la Renaissance qui formait, avec une épée damasquinée, un loup de velours noir et un éventail, une panoplie sentimentale disposée dans sa chambre à coucher.

Si une femme lui demandait quel était ce manteau, il répondait invariablement :

— C'est le manteau de Roméo.

R... affirmait que ces simples paroles déterminaient chez les femmes des transports de tendresse et je le crois volontiers.

Ceux qui emploient la méthode sentimentale marchent avec noblesse, s'accoudent volontiers aux cheminées, sont plus ou moins poètes ou musiciens. Ils redoutent le ridicule. Si un de leurs parents meurt, ils puisent une petite consolation dans le fait qu'ils s'habilleront de noir et qu'ainsi leur costume sera en harmonie avec celui du personnage idéal qu'ils ont inventé pour plaire.

Ils préfèrent se mouiller que de porter un parapluie. Ils ont raison. Étant donné l'idée noble qu'ils donnent d'eux-mêmes, le parapluie, avec son aspect bourgeois et pratique, ne peut que leur nuire.

Du reste il convient d'observer que le parapluie apporte toujours une petite diminution à l'admiration qu'on a pour quelqu'un, même s'il s'agit d'une femme.

Il n'est utile que dans un seul cas, un jour de pluie naturellement, pour faire la connaissance dans la rue d'une femme qui a oublié le sien et qui craint de mouiller les plumes de son chapeau. Encore est-il vraisemblable que la femme utilisera le parapluie pour gagner un omnibus ou une voiture et vous quittera avec des paroles vagues de remerciement.

Ceux qui emploient la méthode sentimentale ne plairont jamais à toute une catégorie assez nombreuse de femmes. Dans cette catégorie il y a celles qui sont vénales par nature ou par métier, celles qui aiment les paroles cyniques, celles qui allient une extrême sensualité à un caractère très pratique. Les actrices particulièrement sont peu sensibles au sentimentalisme ; leur cœur est vieux et le sentiment est une poésie propre à la jeunesse.

Il ne faut jamais écrire, soit quand on fait la cour à une femme, soit au début d'une liaison, de longues lettres élégiaques où l'on peint un tendre amour. Les termes de ces lettres prennent malgré soi un caractère suranné et rococo. Elles font penser à des mèches de cheveux conservées dans un vieux coffret. Un souffle lamentable les anime. Quelque allégresse que l'on porte dans son cœur, elles laissent percer le dégoût de la vie, une tristesse immense. Or cette tristesse est la plus grande ennemie de l'amour. On mêle vainement à tout cela la poésie dont on est capable. On ne fait qu'aggraver son cas. Les énumérations de fleurs, les descriptions de sites charmants dans lesquels on s'est promené, où on voudrait se promener à deux, produisent toujours un effet de ridicule et de désenchantement.

La femme qui lit une lettre écrite dans ce sens a le sentiment d'une chose grave, ennuyeuse et poétique qui pèse sur elle.

Mon ami Charles, qui est un bon vivant dont la présence sème l'allégresse, eut naguère en Suisse, durant l'été, une sorte de flirt avec une femme mariée jeune et jolie. Il l'accompagnait dans la montagne, jouait au tennis et canotait avec elle. Le soir, quand on était assis sur la terrasse de l'hôtel, il l'égayait de ses bons mots, de même qu'il égayait tous les amis de la jeune femme, et ainsi il était paré à ses yeux du prestige de la gaieté et des divertissements.

Elle l'aima pour cette raison qui en valait bien une autre. Elle lui promit d'être à lui, les vacances terminées, à Paris. Ils se quittèrent durant un mois.

Mais mon ami Charles eut la folie de lui écrire pendant ce temps de longues lettres d'amour contraires à son génie joyeux. Il lui peignit les tristesses de l'absence, non parce qu'il les éprouvait mais parce qu'il pensait qu'il était convenable de les éprouver. Il donna à ses rêves et à ses désirs une atmosphère douloureuse qu'il estimait propice à ses desseins et devant ajouter de la noblesse à un amour trop sportif.

Il perdit ainsi la possibilité d'une maîtresse

charmante. En effet, la jeune femme qu'il aimait ne fut jamais à lui. Elle eut raison. Elle avait eu du penchant pour un homme joyeux, elle n'en avait plus pour un triste.

Et ce fut un juste châtiment pour mon ami Charles qui avait sacrifié sa vraie personnalité au profit d'un absurde idéal littéraire.

MÉTHODE DE LA DISSIMULATION

Le mensonge n'est pas d'une essence sublime.
Il n'est pas tout-puissant. En tout cas, pour
avoir quelque vertu, il doit reposer sur une
base de vérité.

Plaire aux femmes est un art comme la pein-
ture ou la sculpture. Il y a une palette et mille
couleurs. Il faut corriger la nature, mais il ne
faut pas la déformer.

Chaque femme se fait un idéal de l'amant. Il
convient de se conformer à cet idéal, d'aug-
menter certains défauts que l'on a naturellement, de se parer de certaines qualités que l'on

n'a jamais eues. Mais il y a une mesure. L'imposteur de tous les instants est confondu à la fin. Puis, s'il pense sans cesse à son rôle, il ne jouit pas de la comédie.

Le problème, au début, est de savoir s'il faut laisser voir tout son amour, ou le cacher. Stendhal donne à Julien Sorel une pleine victoire sur mademoiselle de La Môle. A chaque mouvement de tendresse qu'il laisse échapper, correspond un mouvement de recul, de reprise d'elle-même, de la part de son orgueilleuse maîtresse. Il trouve assez d'empire sur lui-même pour lutter contre l'orgueil par un orgueil plus grand. Il est aimé précisément parce que, toutes les fois qu'il va s'abandonner, il a la force de dissimuler ses vrais sentiments ; quand il est sur le point de dire qu'il aime, il dit qu'il n'aime pas.

L'indifférence attire, mais elle éloigne aussi. Elle est comme ces poisons qui sont des remèdes à petite dose mais donnent la mort si on en abuse.

Stendhal dit du reste ailleurs : « Tout l'art d'aimer se réduit, ce me semble, à dire exactement ce que le degré d'ivresse du moment comporte, c'est-à-dire, en d'autres termes, à écouter son âme. »

Beaucoup de gens parlent comme ils croient qu'ils devraient parler. Ils dissimulent ainsi leur vraie personnalité. Ils plaisent moins.

Étant enfant, mes parents m'amenèrent pour la première fois à Paris visiter l'exposition de 1889. J'étais à cette époque dépourvu de toute curiosité. Je ne m'intéressai nullement à cette grande ville. Je regardai d'un œil morne les monuments qui me parurent sinistres de laideur. Je fus déçu de voir que Notre-Dame était une si petite église; les magasins du Louvre et du Bon-Marché me parurent d'infimes magasins à côté de ce que je croyais qu'ils étaient ; les rues étaient obscures, les boulevards étroits. Je me mis à pleurer quand on voulut me faire pénétrer pour la seconde fois dans l'enceinte de l'exposition, tant la vue des pavillons exotiques, des nègres et des Chinois me paraissait dépourvue d'intérêt.

Je n'aimai véritablement que les bouquinistes et leurs étalages où je trouvai une variété inconnue en province et où je pus faire, avec mes petites économies, l'achat de maint volume que je désirais.

A mon retour, mon professeur au lycée, à l'estime duquel je tenais par-dessus tout, parce qu'il m'éveillait aux choses de l'esprit, me demanda ce que j'avais le mieux aimé à Paris. Je me troublai et, guidé par le sentiment stupide qu'il fallait penser comme les autres enfants de mon âge, je répondis que c'était le musée de marine, au Louvre. Or, j'étais passé dans ce musée de marine sans le regarder, mais deux de mes camarades qui avaient visité Paris avant moi m'avaient représenté ce musée, où il y a la reproduction en petit des navires de tous les temps et de tous les pays, comme la plus belle chose qui existât au monde.

Je fus puni par le haussement d'épaules de mon professeur qui murmura :

— Les enfants sont tous les mêmes !

Ainsi nous faisons faire souvent aux femmes cette réflexion désastreuse : « les hommes sont tous les mêmes! » uniquement parce que nous nous sommes dissimulés nous-mêmes, que nous nous sommes enveloppés sous un voile de banalité.

Il faut se méfier du mensonge. C'est un traître. Il vous tend une main gantée de velours, il s'incline obséquieusement et il affirme qu'il va vous mener au but par un chemin obscur et détourné. On le suit et soudain il vous renverse pour vous mordre ou il vous jette dans un trou.

MÉTHODE DE LA PROPHÉTIE
ET DE LA MAGIE

Ami, toi qui cherches une aventure pleine de poésie et d'imprévu avec une femme délicate appartenant à cette bourgeoisie que tu fréquentes, n'hésite pas à aller t'asseoir à côté de cette jeune dame blonde, distraite et presque méprisante.

Elle semble une exilée dans cette soirée où tu la rencontres pour la première fois. Ni les chants de la jeune fille qu'on veut marier, ni les orangeades qui passent, ni les politesses des hommes ne peuvent retenir sa pensée.

Mais tu peux sans crainte, en la regardant bien en face, lui dire :

— Voulez-vous me permettre de lire dans les lignes de votre main?

Un intérêt subit animera son visage. Si elle manifestait le moindre étonnement, tu te hâterais de dire une phrase dans le genre de celle-ci :

— J'ai vu à votre regard que vous étiez marquée pour une étrange destinée.

Et aussitôt elle se tournera vers toi avec amitié, reconnaissant que tu es une nature d'élite, le seul être fraternel parmi la foule de médiocres qui encombre le salon.

Elle ôtera son gant et te tendra sa main avec une légère confusion et en s'excusant par avance que cette main ne soit pas d'une propreté absolue. Il est du reste à remarquer que les mains humaines ne demeurent vraiment propres que pendant les cinq minutes qui suivent le moment où l'on les a lavées.

A peine as-tu pris cette main dans les tiennes en affectant de ne pas profiter de la circonstance pour jouir de sa finesse par une longue pression, à peine as-tu jeté un rapide coup d'œil sur sa forme, que tu dois pousser un cri d'admiration et de surprise.

Il y a sur cette main un signe rare, unique, extraordinaire, tel qu'on n'en a presque jamais vu de semblable dans l'histoire de la chiromancie. Plusieurs lignes, dis-tu, forment une étoile, et cette étoile est placée de telle façon, par exemple à la conjonction de la ligne du cœur et du mont de Jupiter, que sa signification est immense.

Les yeux de la dame blonde sont devenus brillants et animés ; elle tend son autre main afin que tu puisses voir si le signe étonnant y est confirmé. Il l'est en effet. Tu peux dire sur le sens de ce signe ce qui te plaira dans le domaine des succès artistiques, de la fortune, de l'amour. Pour ce qui est des lignes en général, tu n'auras qu'à te laisser aller à ta fantaisie du moment. Tu ne risques plus de te tromper. Par le fait que tu as vu le signe unique, tu es revêtu d'une grande autorité et tes erreurs deviendront des vérités. Si tu lui dis qu'elle est orgueilleuse et si elle est modeste, elle songera :

— C'est donc que j'étais orgueilleuse sans m'en douter.

Du reste le désir d'intéresser sans danger te poussera à parler surtout de l'avenir.

Ne manque pas d'affirmer que la dame blonde est soumise à l'influence de la planète Vénus, c'est-à-dire à l'influence de l'amour, et ajoute, si tu le juges à propos, qu'à cette influence s'ajoute celle d'Apollon, le goût des arts. Quand tu auras prédit en outre une grande passion prochaine, tu pourras laisser retomber la petite main qui contenait tant de grands secrets.

A cause de ton étrange clairvoyance, par la vertu de ce génie prophétique tu seras invité à te rendre dans la semaine chez la dame blonde.

Tu trouveras vraisemblablement dans ce milieu plusieurs personnes laides, intellectuelles et s'occupant de spiritisme, une ancienne actrice russe, un professeur, un pauvre homme vaguement fondateur d'une religion, un fumeur d'opium et peut-être un jeune homme venu là pour trouver une maîtresse et affectant imprudemment des airs sceptiques. Le mari de la dame blonde sera silencieux et admiratif pour les choses de la pensée qui seront traitées autour de lui.

La principale occupation sera de faire tourner des tables. Insoucieux de l'ironie du jeune homme sceptique, déclare immédiatement que tu es un médium de premier ordre, que tu fais, comme il te plait, venir les esprits, que la magie n'a pas de secrets pour toi. Tu n'as pas à craindre d'être confondu si tu affirmes avec audace. Là, un besoin de crédulité possède toutes les âmes. Le fondateur de religion te reconnaîtra tout de suite pour un des siens ; le mari te respectera comme un maître ; une des personnes laides et intellectuelles verra dans l'obscurité du fluide sortir de tes mains.

Du reste, ta surprise sera grande de constater que les tables tournent à merveille, se lèvent sur un pied, frappent des coups à ta voix. Les esprits des hommes célèbres t'obéiront docilement, parleront comme il te plaira. Le jeune homme sceptique n'aura qu'à bien se tenir car il te sera très aisé d'empêcher qu'il soit désormais invité en déclarant que Napoléon ou que Louis XIV se refusent à venir en sa présence.

Comment une maîtresse de maison un peu avisée hésiterait-elle un instant entre un jeune homme quelconque et d'aussi grands personnages ?

Et comment aussi une jeune dame blonde, quand elle donne à la vie future plus d'importance qu'à la vie présente, peut-elle ne pas désirer, de toute son ardeur, avoir pour amant sur cette terre d'exil, quelqu'un qui a un rayonnement astral, qui est prophète, en communication avec les esprits et qui peut faire mourir ses ennemis en enfonçant une aiguille dans une petite figure de cire ?

MÉTHODE DE LA PUISSANCE
D'ATTRACTION

J'allai voir un jour mon ami B... C'était un garçon fin, intelligent, mais timide et n'ayant pas de confiance en lui. Appelé par sa situation dans le monde et ses facultés à jouer un rôle important, il avait laissé sa volonté se désagréger et était considéré par tous comme un incapable. Il était trop riche et il avait trop de parents. Étant de beaucoup le plus intelligent de sa famille, une ligue occulte s'était formée parmi ces parents pour déclarer qu'il était stupide. Il l'avait cru, ou il avait laissé croire qu'il le croyait.

7.

Mais à cause de sa réputation une jeune fille qu'il aimait et qu'il avait demandée en mariage avait refusé de l'épouser.

J'aimais beaucoup B... pour sa vision comique de la vie qui est la revanche de tous les faibles. Nous parlâmes de mademoiselle X... et des déceptions qu'elle lui avait causées. Je pensais qu'il avait renoncé à tout espoir et j'essayai doucement de la déprécier, pensant le consoler un peu.

Mais il protesta vivement. Il me déclara que rien n'était perdu pour lui et que, malgré le refus formel de mademoiselle X... et de ses parents, il n'avait jamais été en aussi bonne posture. Je lui en demandai l'explication et ce qu'il comptait faire pour que ses projets réussissent.

— J'ai fait une grande découverte, me dit-il, qui me permettra d'être aimé. L'amour est une attraction s'exerçant entre deux êtres. Chacun de nous possède une certaine puissance d'attraction. Il faut pour être aimé développer en soi sa puissance d'attraction et le moyen de la dégager. C'est ce que je fais en ce moment.

— Avez-vous obtenu quelque résultat? lui demandai-je.

— Aucun, pour l'instant, s'écria-t-il. Je n'ai plus revu mademoiselle X... C'est dans la solitude et par l'effort de la volonté que la puissance d'attraction se développe. Je ne sors plus de ma chambre. Il viendra un moment où je serai aimé de mademoiselle X... sans que je l'aie revue. Je ris de mon ami Paul U... qui fait la cour à mademoiselle X... et qui se donne pour lui plaire un mal infini. Il croit avoir des avantages sur moi parce qu'il a une importante situation à la banque de son oncle, parce qu'il est agréé de la famille, parce qu'il joue au tennis avec mademoiselle X... et qu'il flirte avec elle dans les bals où ils se rencontrent régulièrement.

— Cependant il me semble, hasardai-je timidement...

— Non, non! reprit B..., je triompherai de Paul U... avec une certitude d'autant plus grande que je ferai moins de démarches. C'est le résultat d'un calcul, c'est mathématique. Ma cousine m'a, l'autre jour, invité à un thé où je pouvais rencontrer mademoiselle X... Je n'ai eu garde d'accepter !

— Pourtant...

— Cela m'aurait détourné de développer ma puissance d'attraction. C'est seul, entre ces quatre murs, que je dois décider de ma victoire.

J'appris à quelque temps de là que mademoiselle X... venait d'épouser Paul U... Mon ami B... n'avait-il pas suivi point par point sa méthode ? Ou le fait d'être dans une banque, d'avoir l'estime des parents, d'être habile au tennis, vaut-il mieux pour conquérir une jeune fille que la plus grande puissance d'attraction ? Je laisse au lecteur le soin de le décider.

MÉTHODE DU VIOL

On voit dans les journaux que des êtres ins-
tinctifs et grossiers renversent des femmes sur
des chemins déserts et parfois les mettent à
mort. Ces tentatives criminelles inspirent évidemment l'horreur. Mais comment se défendre
d'une certaine admiration en songeant que ces
personnages aux nerfs peu délicats accomplis-
sent l'amour en quelques secondes, sans les dé-
faillances habituelles aux imaginatifs ?

Jadis, j'entendais un certain R..., qui depuis
trois ans était aimé follement par une toute
jeune personne au visage ingénu, dire qu'il

n'avait obtenu cet amour que parce qu'il avait pris de force cette maîtresse. Il racontait qu'il l'avait fait venir dans sa chambre d'une façon d'autant plus aisée qu'il avait été jusqu'alors poli et respectueux à son égard. Il s'était alors jeté brusquement sur elle. Une lutte s'était engagée qui ne s'était terminée qu'au bout d'une heure de temps par sa victoire que je n'ai jamais pu m'expliquer.

Il y a, en effet, des femmes qui aiment la sensation de voir un être charmant, raisonnable et doux se transformer brusquement en un inconscient sauvage qui les brutalise. Mais l'on ne peut pas jouer le personnage du sauvage. Il faut l'être réellement. Qu'arriverait-il et de quelle confusion ne serait-on pas saisi si l'on faisait tous les gestes du viol et si, à la dernière minute, au moment où la victime se résigne avec curiosité, on n'avait ni l'autorité ni l'absence d'émotion indispensables ?

Ces battements du cœur, ces tremblements, cette fébrilité qu'occasionne une étrange faiblesse, peuvent être à la rigueur excusés par une femme qui a l'habitude de l'amour, si on les

met sur le compte d'un excès de désir, d'une
immense tendresse. Ils couvriront d'un juste
ridicule celui qui aura voulu se parer du prestige de la brutalité et qui n'aura pu en donner
les bienfaits.

MÉTHODE DU CYNISME

(ART DE TROMPER)

J'avais jadis un excellent camarade qui s'appelait Henri D... Il était intelligent, il avait une jolie femme et surtout il m'admirait beaucoup. Je me plaisais infiniment en sa compagnie.

Nous nous voyions assez souvent et un jour il m'invita à dîner. Son intérieur était très agréable, j'étais de bonne humeur et tout faisait prévoir que j'allais passer une très heureuse soirée. Je vis aux préparatifs que l'on avait faits que cette invitation à dîner était un événement important. L'on se réjouissait beaucoup de m'avoir.

— Ma femme et ma belle-mère, me dit Henri D..., vous ont fait un plat spécial qu'elles ne font que dans les grandes occasions et pour les gens qu'elles aiment beaucoup.

On se mit à table et la conversation porta uniquement sur le point de savoir si j'aimerais ou non le plat en question. Il vint enfin. J'y goûtai au milieu de l'anxiété générale. Le plat était pour moi une chose effroyable dont la seule odeur me soulevait le cœur. Je déclarai en souriant que c'était un plat délicieux et je félicitai les auteurs. Je fis un effort sur moi-même et je me forçai à manger ce qu'on m'avait servi. Toute ma soirée fut empoisonnée.

Quelques semaines s'écoulèrent et je revins dîner chez mon ami Henri D...

— Il y a une surprise pour vous, me dit tout de suite madame Henri D...

— On sait que vous êtes gourmand, ajouta la belle-mère de mon ami.

— On ne me gâte pas comme ça, dit Henri D...

La surprise était le terrible plat. J'eus assez

de présence d'esprit pour parler d'une atroce migraine et d'un manque total d'appétit. Je ne mangeai pas et sortis à jeun.

J'eus l'imprudence de dîner une troisième fois chez Henri D... Rien ne pouvait me faire supposer, sauf l'œil brillant de sa femme, que le plat me guettait encore. Il apparut sans que j'aie pu me défendre de lui. On m'en servit une assiette toute pleine parce que, disait-on, il fallait rattraper mon manque d'appétit de la fois précédente.

Je ne revins plus chez Henri D... Il m'écrivit à plusieurs reprises pour m'inviter à nouveau, mais je déchirai ses lettres sans y répondre, car il ajoutait toujours en *post-scriptum* :

« Il y aura le plat que vous aimez. »

J'ai perdu cette charmante relation à cause de ce plat. Je n'ai plus jamais parlé à mon ami Henri D... et, l'ayant aperçu une fois sur les boulevards, je me suis enfui au plus vite, croyant sentir monter à mes narines l'odeur fatale du plat.

Ainsi, pour ne pas vouloir avouer nos goûts et nos dégoûts, dès le début, pour manquer de sincérité, nous nous trouvons vis-à-vis des femmes dans d'insolubles situations qui quelquefois nous obligent à ne plus les voir.

Celui qui n'entend rien à la musique et qui, en présence d'une musicienne, au lieu de dire cette phrase si commode : « Je n'entends rien à la musique, mais je l'aime cependant », se flatte d'être un musicien accompli, s'expose à bien des périls s'il devient l'amant de cette musicienne, ou si seulement il entre davantage dans son intimité.

Il faudra qu'il l'accompagne dans des concerts dont il aura à supporter l'ennui, il faudra qu'il complimente avec un enthousiasme simulé des personnages jeunes et inspirés dont le violon aura rendu des sons divins ; il faudra qu'il se prononce sur la musique moderne et s'il condamne tel musicien, il faudra qu'il se le rappelle, pour ne pas le porter aux nues quelques jours après. Comment son ignorance ne transpirera-t-elle pas à la fin et quelle miraculeuse distraction sera-t-il obligé de feindre si on lui demande de venir près du piano pour tourner les pages d'un morceau?

Il faut tout dire, tout avouer, avec franchise, avec cynisme même. Les paroles sont comme un feu qui brûle les pensées et les actes. Ce qu'on a de mauvais en soi, devient, sinon excellent, du moins neutre, par le fait qu'on l'exprime, qu'on lui donne la vie des mots.

Le mal est dans le silence. La mobilité des paroles le transforme. Le cynique donne de la beauté à ses vices et les fait admettre en les proclamant.

Les femmes qui ont une horreur native de la vérité, en présence de celui qui leur oppose une sincérité absolue, sont comme ces nègres très sauvages des îles de l'Océanie qui n'ont jamais vu un blanc. Ils croient d'abord qu'il est peint en blanc et que, si on frotte sa peau avec vigueur, la couleur noire qui est la couleur normale va reparaître. Quand ils s'aperçoivent de leur erreur, ils tombent aux genoux du blanc et l'adorent comme un Dieu.

Quand votre maîtresse vous demande : « A quoi penses-tu? » il ne faut pas lui répondre comme tous les amants qui existent : « A toi. » Et si on lui dit qu'on ne pense à rien, ce qui arrive la plupart du temps, on grandit aussitôt dans sa pensée, car ce néant qui lui est familier a pour elle une valeur.

De même, pour bien tromper sa maîtresse, il faut lui dire en riant la vérité. On ne craint que les choses inconnues. La femme n'aura pas peur d'une aventure présentée sous un jour plaisant, invraisemblable. On aura beau jurer que ce qu'on dit est vrai, toujours en riant bien entendu, elle n'y ajoutera pas foi.

Si cependant ses soupçons se sont précisés et si, par une série de plaintes, de scènes intolérables, de violences de langage, d'objets brisés, elle vous oblige à apporter une solution à cet état de choses, il faut opter entre deux partis :

Dire simplement et gravement :

« Tu sais bien, au fond, que je suis incapable de te tromper. »

Cette parole est, je ne sais pourquoi, revêtue d'une grande force; en tout cas, quand les

femmes nous la disent, elle est toujours irrésistible.

Ou bien, s'écrier : « Eh bien ! oui, je t'ai
trompée ! » et en expliquer, avec une sincérité
véritable, les causes et les circonstances.

Le deuxième parti est le meilleur. L'aveu est
puissant. Il a l'éclat de tout ce qui correspond
à un fait vrai. Si on aime, on peut se faire par-
donner. Si on n'aime plus, grâce à cet aveu, on
a fait un pas en avant qui sera, hélas ! suivi de
pas en arrière, sur le chemin escarpé, hérissé
de cailloux et d'épines aiguës, qui conduit à la
rupture.

Mais, seul, celui qui a une âme haut placée a
le courage de la sincérité absolue.

LES COMPARAISONS

Après deux mois de séparation je retrouve ma maîtresse à la gare où elle est venue m'attendre. J'ai mis ma tête à la portière pour la voir de loin. Elle est là. Nous faisons tous les deux le même geste de joie conventionnelle. En réalité nous nous trouvons l'un l'autre changés, moins beaux que nous ne le pensions. Nous sommes déçus. A vivre à côté de quelqu'un, on s'efforce de le parer de mille qualités et on y parvient. Si l'on se quitte un peu et si l'on se retrouve, on se voit tel qu'on est, parce qu'on a oublié le mensonge de son imagination.

Qui des deux prendra l'initiative de tomber dans les bras de l'autre? Il faut dissimuler mon impression et j'esquisse un tendre geste. Elle me tend simplement la main. Je la lui serre; elle se reprend à son tour mais au moment où je soulève de terre ma valise, renonçant à tout baiser.

Alors, je me dis pour m'excuser que rien n'est plus factice que ces étreintes sur des quais de gare, qu'il ne convient pas de donner sa tendresse en spectacle à des étrangers, que les véritables marques de la sympathie sont au fond du cœur.

Près de moi, cependant, des êtres spontanés se sont embrassés en criant et en gesticulant. Dissimulaient-ils? Ils n'en avaient pas l'air. Ce sont des natures vulgaires, pensai-je.

J'attends mes bagages. Il y a à côté de moi une femme bien plus jolie que ma maîtresse. Ses cheveux, au lieu d'être teints en blond, sont d'une couleur naturelle. Elle n'a pas sur le cou cet imperceptible pli, si visible pour moi, que je remarque avec tristesse sur le cou de Paulette. Comme elle s'habille avec goût! Elle a une taille élancée et la couleur des yeux qui me plaît. Il me semble qu'elle a jeté un coup d'œil ironique sur le chapeau de ma maîtresse. Je considère ce chapeau à mon tour. Il est bizarre et compliqué. Il vient sans doute de quelque toute petite modiste. C'est le plus beau chapeau de Paulette, j'en suis sûr, et elle l'a mis pour venir m'attendre à la gare et frapper ainsi un grand coup sur mon imagination. Comme cette toque très simple dans un cercle de cheveux blonds est préférable !

J'appelle un employé avec toute l'autorité dont je suis capable. La très jolie femme est de plus en plus dédaigneuse. Et quand on apporte ma malle, je ne sais pas si je suis plus honteux de son aspect minable de malle de famille à côté de l'élégante malle de cuir de l'étrangère, ou du chapeau de mon amie auprès de cette toque très simple.

La comparaison suscite le désir et nous sommes d'autant plus forts que nous désirons beaucoup.

L'HOMME QUI N'A QU'UNE FEMME

Il y a dans l'appartement qui donne en face
du mien, sur la cour, un monsieur qui habite
avec une dame. Il vit avec elle et il ne vit
qu'avec elle. Jamais il n'invite personne à
dîner. Jamais on ne voit chez lui aucun autre
homme ni aucune autre femme.

Le monsieur et la dame sortent ensemble.
Ils rentrent de même. Ils sont oisifs. Ils n'ont
pas l'air de s'aimer passionnément. Ils n'ont
pas l'air de s'ennuyer. La dame est maigre.
Elle a un grand nez, l'air d'un oiseau étonné
et sans ailes. Le matin elle ouvre sa fenêtre

9

et, revêtue d'une camisole grisâtre, elle se livre à des travaux d'intérieur. Elle met pour cela, sans doute afin de ne pas salir ses mains, de vieux gants blancs.

Comment le monsieur, qui est bien de sa personne et qui pourrait avoir d'autres femmes, a-t-il le courage de vivre avec une femme qui met des gants blancs à huit heures du matin?

Je pourrais croire qu'il m'envie, qu'il m'admire de voir chez moi des femmes jolies et élégantes. Il n'en est rien. Même je sens une réprobation dans son regard. Il juge que je ne suis pas sérieux. Et la sincérité de cette réprobation se dégage de son attitude correcte, quand il me salue dans l'escalier.

Cet homme n'a qu'une femme et une femme laide. Est-ce possible? C'est un cas unique, monstrueux. Peut-être est-ce un fou. Mais il paraît assez raisonnable. Il ne crie pas, il ne se livre pas à des danses saugrenues.

Peut-être est-ce cette femme au nez pointu qui lui a persuadé qu'il n'y a pas d'établissements de thé, de grands magasins où passent des êtres séduisants avec de belles robes et des formes gracieuses. Il a un bandeau sur les yeux ou il est victime d'un sortilège. Peut-être aime-t-il cet objet de tristesse, cette source de pensées amères, et en est-il aimé. Mais un cœur, une délicieuse affection peuvent-ils habiter une poitrine si maigre? Peut-il y avoir de l'amour sans une petite flamme de beauté?

PLAISIRS PHYSIQUES

Les femmes aiment les titres honorifiques, les situations importantes, l'argent, la beauté physique, la distinction, le prestige que donne l'admiration des autres hommes. Mais elles renonceront volontiers, et même avec orgueil, à tout ce qu'elles aiment pour un homme qui n'a rien que le don rare de leur donner, dans l'intimité de la nuit, du plaisir physique.

Une légende absurde montre les femmes du monde se livrant à leurs domestiques pour la

9.

seule joie de leurs sens. Rien ne semble prédisposer, ni leurs travaux, ni leur éducation, les gens de maison à l'habileté dans l'art de donner des caresses physiques.

Celui qui donne le plus de plaisir n'est pas le plus vigoureux ou celui dont le tempérament est conforme au tempérament de la femme. C'est celui qui en a le plus le goût imaginatif. Il donne une valeur inattendue à chaque caresse par l'amour avec lequel il la donne. Il multiplie à l'infini dans le domaine subtil des nerfs ces rayonnements de volupté si précieux aux natures sensibles.

Les femmes le reconnaissent à son regard, à ses silences, à ses timidités, à un je ne sais quoi qui se dégage de lui. Il porte dans ses mouvements une beauté qui n'obéit pas aux lois ordinaires de la beauté, et qui n'est perceptible que pour les voluptueuses.

Et celui-là est un grand maître qui possède assez de richesse pour donner à la fois la tendresse du cœur et le plaisir des sens ; même auprès des femmes les plus honnêtes, il peut se passer d'être estimé et toute mauvaise action

lui est permise car l'homme le plus estimable
pour les femmes est celui qui apporte la plus
grande somme de plaisir.

Une femme dit : « Je veux être respectée. »

On doit se garder de se méprendre sur le sens
de ces paroles. Elle fait allusion à un respect
de forme, de détail, qui donne plus de prix au
manque de respect ardemment sollicité par
toutes les forces puissantes d'humiliation qui
sont dans l'instinct de la femme. Elle a un
grand désir de défaite. Sa défaite lui sera d'autant plus chère que nous lui aurons donné l'illusion de la victoire par notre politesse dans les
conversations générales devant d'autres personnes, par notre galanterie tendre quand nous
sommes seuls, mais seuls dans des endroits
comme le théâtre ou les promenades, où le
manque de respect ne peut pas se manifester
librement.

Dès que nous sommes séparés du monde
extérieur par une porte fermée et que grâce à une

entente inavouée, mais certaine, nous sommes réunis avec la délicate bien-aimée pour nous consacrer à l'amour, nous pouvons nous permettre impunément des actes d'une irrévérence sans mesure. Des gestes dont l'audace dépassera la nôtre nous assureront aussitôt que nous sommes loin d'avoir atteint les limites permises.

Le respect est pour le monde ou pour le domaine de la convention sentimentale. Il faut, pensent les femmes, changer de ton selon l'heure qui convient, et elles ne sont nullement gênées de leur brusque transformation, tandis que nous nous croyons obligés, à leur égard, à des réticences et à des excuses.

Beaucoup de plaisirs physiques sont des simulacres. Cela tient à ce que la nature est avare des joies qu'elle nous donne. Nous avons honte de cette avarice. Nous nous flattons d'une capacité de bonheur que nous n'avons pas.

Il ne faut pas laisser aux femmes le privilège

de ces simulacres de plaisir. L'on aime d'autant plus que l'on croit dispenser une immense volupté. A tout instant, dans l'amour physique, la femme donne les signes d'un bonheur qui n'est pas croyable. Ce n'est qu'à la réflexion que nous cessons d'en être dupe. Mais un doute plane et nous l'aimons davantage pour cela. Faisons comme elle.

Il est vain pourtant, quand on est dans les bras l'un de l'autre, à une heure tardive de la nuit, si votre maîtresse vous demande : « As-tu sommeil? » de lui répondre : « Certes non! » avec une intonation exaltée pour lui faire croire qu'on passera toute la nuit dans une extase divine de volupté, surtout si, quelques instants après, une respiration régulière trahit le sommeil profond dont on est frappé.

UNE FEMME EN ATTIRE UNE AUTRE

Je n'aime plus ma maîtresse. Son caractère est devenu désagréable et bien qu'elle soit jolie, j'ai trop pris l'habitude de sa beauté pour en tirer du plaisir.

Cependant elle m'aime. M'aime-t-elle? Oui, puisqu'elle ne veut pas que j'aille dîner en ville, et qu'elle est de mauvaise humeur, pendant plusieurs jours, si elle apprend que j'ai pris le thé avec une autre femme qu'elle. Cette jalousie est-elle un signe d'amour ou simplement la manifestation de sa vanité? Et comment pourrai-je trouver la ligne qui partage le désir et l'amour-propre ?

Si elle m'aime, je dois respecter son affection, j'ai des devoirs formels vis-à-vis de ce noble sentiment. Je ne dois pas faire souffrir celle qui m'aime. Mais puisque je ne l'aime pas, dois-je le lui dire à cause de la vertu de la vérité, ou dois-je le lui cacher par pitié? Si je lui dis que je ne l'aime pas, je suis cruel et elle ne me croira pas, du reste. Si je mens, si je simule un amour que je n'éprouve plus, j'éternise une situation sans issue.

Dans l'hypothèse, au contraire, où elle ne m'aime pas, ma conduite semble tracée. Je dois lui dire que je ne l'aime pas, que nous ne nous aimons ni l'un ni l'autre, je dois rompre avec elle.

Mais alors je vais être sans maîtresse. Comment supporterai-je cet état de choses? Que ferai-je, le soir, seul? Je n'ai plus l'habitude de la solitude. J'ai, il est vrai, des amis. Mais il y a des soirées terribles, marquées par la destinée, où tous vos amis sont malades, invités à dîner, en voyage, où les billets de théâtre qu'on a

demandés ne sont pas arrivés, où un concours
de circonstances vous contraint à dîner tout
seul dans un restaurant où justement les plats
sont mauvais, les dîneurs hostiles et les garçons peu polis.

Et puis un homme qui n'a pas une maîtresse
attitrée a moins de puissance de rayonnement
sympathique que les autres. Il est privé d'un
double charmant qui le complète et l'embellit.
Une femme en attire une autre. Le charme et
l'amour sont les aimants qui appellent le charme
et l'amour. Une femme jolie et qui a le goût du
plaisir s'entoure bien rarement d'amies laides.

Ma maîtresse est le centre d'un petit milieu
où j'ai mille profits. Si je la quitte, ce milieu se
dissoudra, s'éparpillera. Je resterai seul, privé
de cette atmosphère d'amour où j'ai pris l'habitude de vivre et qui m'est nécessaire.

Je me dis d'autre part que chacun a en soi
une force amoureuse limitée. J'use quotidiennement cette force en conversations stériles, en
affection simulée, en résistance à des scènes
sans cause sérieuse. Je m'amoindris quand je
me promène avec elle. D'admirables possibili-

tés restent dans l'ombre par le seul fait que cette maîtresse existe. Je suis classé, casé, j'appartiens à une catégorie qui n'est pas disponible. Je suis aux femmes ce que sont aux gens qui veulent louer une propriété, les villas où il n'y a pas d'écriteau. Elles jettent un regard rapide. Elles songent : « Cela ferait peut-être l'affaire », mais elles passent et ne visitent pas.

Une voix me dit : « Il faut rompre. Il faut être seul pour avoir beaucoup de femmes. La rue avec les devantures des magasins où l'on s'arrête, les omnibus avec leur choix de visages alignés, les entrées des métropolitains avec leurs souffles chauds où se mêlent les parfums et les poussières, appartiennent à celui qui n'est pas impatiemment attendu par sa maîtresse et qui fait tourner sa canne, ayant l'aisance d'un homme qui ne sait pas où il va. »

Mais une autre voix me dit : « Quand on a une maîtresse, on en a plusieurs. Les femmes ont le goût des confidences. Entre elles, elles se disent tout. L'amie tente volontiers son amie par les paroles flatteuses qu'elle prononce sur le compte de son amant. Il est aisé de profiter

des qualités dont elle a bien voulu vous parer.
Garde ta maîtresse; si tu la perds, tu ne pourras plus la tromper et tu ne recevras plus de
louanges d'une bouche si autorisée. »

L'INSISTANCE ET L'OCCASION

Un homme qui vient vous demander de l'argent et qui, dès les premières paroles qu'on prononce, dit : « Bon! Ne vous dérangez pas! Je
vous demande pardon! Je reviendrai un autre
jour! » n'obtiendra rien de vous, même si vous
avez l'intention de lui accorder ce qu'il demande.

Ce n'est pas de l'argent que nous sollicitons
des femmes, c'est de la tendresse et du plaisir.
C'est là la fortune dont elles disposent. Elles la
considèrent comme très précieuse et elles com-

mencent par la refuser. L'imprudent, le peu clairvoyant qui se laisse impressionner par un visage hautain, une attitude dédaigneuse, est un pauvre solliciteur.

Vous avez quelquefois prêté cent francs, apitoyé par un discours, après avoir déclaré que vous étiez dans la plus grande misère. L'affirmation même que la femme aime follement un autre homme n'est pas mauvaise, est quelquefois excellente. Il ne faut pas oublier que l'amour peut être une transposition. Shakespeare voulant peindre le plus passionné des amants montre Roméo amoureux, au premier acte de *Roméo et Juliette*, d'une femme qui n'est pas Juliette. Il voit Juliette, il l'aime et il reporte sur elle toute la somme de passion que la précédente maîtresse avait développée en lui.

Ainsi on peut bénéficier auprès de certaines femmes exaltées de l'effort d'amour accompli par un autre homme. La femme transpose sa passion. Il ne faut pas bien entendu qu'il y ait d'habitude physique. On est alors comme un voyageur qui prend possession d'une maison qu'il croit abandonnée et trouve le feu allumé, une collation servie, un livre de chevet.

Il faut donc insister, mais il faut insister au bon moment, saisir l'occasion.

L'occasion, c'est le moment où la femme manque de tendresse.

Toute la vie est une poursuite de la tendresse. On périt parce qu'on en manque, on périt parce qu'on la cherche, on périt parce qu'on en a trop. L'absence de tendresse cause la plupart de nos actes. Celui qui, la nuit, au moment de regagner son appartement solitaire, fait signe à une fille de la rue, a moins, pour but, la volupté, qu'un vague geste tendre de cette fille qu'il ne paie pas trop cher avec cinq francs. On s'étonne souvent de voir un homme distingué épouser sa bonne. La raison en est presque toujours que c'est la seule femme qui lui a donné de la tendresse.

La femme qui manque de tendresse est toujours à prendre. Quelle que soit son éducation, son rang, sa fierté, si elle est incomprise de son mari ou de son amant, méconnue de sa famille et de ses amies, si elle est seule ou se croit seule dans le domaine supérieur du sentiment, elle se donnera le premier soir à celui qui par un invisible signe lui aura fait comprendre qu'il apporte de la tendresse à son cœur.

LES FEMMES GROSSES

Les femmes qui engraissent et souffrent d'engraisser rencontrent chaque jour des amis qui leur disent :

— Comme vous avez maigri !

Elles suscitent les paroles de ces amis en leur disant :

— N'est-ce pas que j'ai maigri ?

Par le même moyen elles obligent leur couturière complaisante à évaluer leur diminution par un chiffre de centimètres. Ainsi elles ont acquis la tranquillité de l'esprit. Elles se sont donné l'illusion qu'elles n'engraissaient pas ;

elles mangent désormais sans remords les plats qu'elles aiment et qu'elles savent susceptibles de les faire engraisser.

Les femmes grosses deviennent de plus en plus grosses de même que les maigres maigrissent sans cesse. Il est donc insensé de dire avec orgueil d'une femme grosse : « Je la ferai maigrir ! » On voit dans la nature les arbres se développer, donner des feuilles et des branches, mais quel est le chêne qui, devenu majestueux, se rapetisse et reprend les proportions du gland primitif ?

Il ne faut pas attendre des femmes grosses cette bonhomie, cette jovialité indulgente qui caractérise les hommes gros. Les femmes grosses sont pleines de duplicité et de ruse. Leur esprit s'est rétréci à mesure que leurs formes croissaient. Elles ont violé la loi de beauté de la nature, elles le sentent confusément, mais elles ne l'avoueront jamais ; elles sont les apologistes de la grosseur et préféreront pour toute chose la quantité à la qualité.

Elles sont immobiles. C'est à la fois leur force et leur perte. Elles se dressent devant l'amour

comme un obstacle insurmontable. Elles défendent les idées bourgeoises, la vertu conventionnelle ; elles sont les instruments des préjugés.

Il convient de contourner les femmes grosses
comme le vaisseau contourne le rocher.

FORCE QUE DONNENT LA CRÉDULITÉ
ET L'IGNORANCE

De même qu'il existe infiniment plus de laissés pour compte des grands bottiers que de bottines produites par les grands bottiers, de même il y a parmi les femmes beaucoup plus de laissés pour compte des grandes familles qu'il n'y a en réalité de grandes familles.

Les femmes ont une facilité naturelle à embellir la vie, à l'agrandir dans un sens honorifique pour elles. Que de généraux en chef qui n'ont pas existé, ont été dépeints avec un ca-

ractère rude et un grand sens de l'honneur
par des filles qui prétendaient descendre d'eux !
Que de beaux châteaux où nos maîtresses se
sont ennuyées et qui n'ont dressé leurs tourelles
que dans le royaume de l'imagination ! Que de
voyages en Italie décrits avec de minutieux
détails, des aventures plaisantes ou amoureuses,
qui n'ont pas été faits !

Il convient d'accueillir avec crédulité et favo-
rablement ces embellissements de cœurs épris
de beauté. L'homme qui voit tout, qui pénètre
tous les mensonges, est vite odieux. Aucune
illusion n'est possible avec lui. On est condamné
à la froide médiocrité de la vie. Et cet effort de
perspicacité est d'autant plus inutile qu'on
n'arrivera jamais à une perspicacité absolue.

En effet, l'invention des femmes n'a aucune
base raisonnable. Elles ne sont pas toujours
guidées par l'intérêt. Elles ne sont pas toujours
guidées par le désir de briller. Il arrive qu'elles
mentent sans motif, même sans motif caché, au
petit bonheur, pour l'art. Quelquefois ces mensonges sont à leur désavantage, les montrent
sous un jour fâcheux. On pourrait croire qu'elles

ont un intérêt provisoire à se diminuer ainsi. Il
n'en est rien.

Il vaut mieux croire, tout croire également.
La femme se plaît avec cet aimable aveugle qui
l'admire de confiance.

Yvonne T... prétendait s'être battue en duel,
déguisée en homme, avec un officier italien, à
Naples, au bord de la mer. (Il est à remarquer
que c'est pour beaucoup d'esprits, même sensés,
un idéal désirable de se battre en duel, au bord
de la mer et en Italie. Déjà à deux reprises,
j'avais entendu deux amis raconter des duels
analogues dont ils avaient été les héros. La
seule différence est que l'un avait placé la scène
dans une île.)

Yvonne T... ajoutait, sans pudeur pour la
vraisemblance, un orage et des éclairs. Elle
faisait un récit détaillé qui est dans *Le Vicomte
de Bragelonne*, roman qui l'avait beaucoup
impressionnée quand elle l'avait lu.

Cette histoire ne rencontrait que scepticisme

et rires. Mais elle y tenait tellement qu'elle bravait l'opinion et qu'elle la racontait sans cesse et sans se décourager.

Je me souviens de sa joie quand je lui demandai l'âge approximatif de l'officier italien — il avait trente ans environ — et les noms des témoins — ils étaient tous titrés. — J'acquis subitement une grande importance aux yeux d'Yvonne T... J'étais celui qui croyait à son glorieux récit, un être presque unique, et elle m'aima quelque temps pour son propre héroïsme, parce qu'elle voyait au fond de mes yeux admiratifs son duel imaginaire, un ciel d'orage, un paysage d'Italie.

Il est à remarquer que les femmes se donnent fort peu de mal pour concilier leurs inventions et la vraisemblance. Un mensonge est comme une balle qu'elles lancent, il atteint son but ou il ne l'atteint pas, peu importe. Quand elles sont convaincues d'avoir faussé la vérité, elles se contentent de sourire et n'en éprouvent nul embarras.

Une jeune actrice de mes amies raconte volontiers des aventures inouïes qu'elle eut au Caire et à Alexandrie. Durant un court voyage qu'elle fit en réalité, elle se maria avec un Turc, fut enlevée, enfermée tour à tour dans un harem et dans un couvent de sœurs, joua un grand nombre de pièces sur divers théâtres orientaux, fut enlevée à nouveau, fit naufrage, eut ses bijoux volés, visita à son retour toute l'Italie où il lui arriva encore mille choses. Elle s'était absentée de Paris environ deux mois.

Mais elle manque de mémoire. Elle oublie complètement certaines aventures qu'elle a contées avec un grand souci de détails et pour remédier à ces oublis elle en improvise de nouvelles. Prise en flagrant délit de contradiction, elle s'en tire avec une assurance et une gaîté parfaites.

J'ai observé, du reste, qu'elle n'avait cette assurance que pour les mensonges et que toutes les fois qu'elle rapportait un petit fait véritable, elle le faisait avec timidité, et comme s'il n'était pas véritable.

Il faut aussi être ignorant. Les questions sont dangereuses. Même si l'on n'est pas trompé, on ne peut retirer que déboires, soupçons, tristesses, de la connaissance exacte de ce que votre maîtresse a fait dans l'après-midi.

Elle dit qu'elle va chez le photographe, à trois heures. On doit se garder de téléphoner, vers cette heure-là, à ce photographe en prétextant une chose urgente qu'on a oublié de lui dire. On serait puni par l'ironie lointaine qu'on croirait entendre dans la voix du photographe ; votre maîtresse ne serait pas dupe, elle se sentirait surveillée, tyrannisée, l'irritation qu'elle en concevrait lui donnerait une autorité qu'elle n'avait pas, aggravée de votre faiblesse dévoilée.

Il vaut mieux ne rien savoir ; il vaut mieux être comme le sage qui reçoit la richesse sans en demander l'origine. Si nous nous préoccupions, quand on nous donne des pièces d'or, de toutes les mains qui les ont touchées, avant nous, de la façon dont elles ont été maniées dans leur carrière de pièces d'or, nous les rejetterions peut être avec dégoût, quitte à nous mettre ensuite à genoux dans la boue pour les retrouver.

A quoi bon fouiller dans les tiroirs? Les lettres qui trainent sont toujours des lettres de fournisseurs, ou si elles émanent d'un jeune homme, elles ne parlent que de respectueuse amitié.

A quoi bon aller trouver l'ancien inspecteur de la Sûreté qui dirige une agence de renseignements? Cet homme, par son regard fixe, son attitude sévère, donnera tout d'abord la sensation qu'on fait auprès de lui une démarche coupable, qui tombe sous le coup des lois, et qu'il va vous mettre tout de suite en état d'arrestation. Il consent à écouter, puis dit avec simplicité :

— Va-t-elle dans les maisons de passe ?...

On est partagé entre l'envie de lui cracher au visage pour cette impudente hypothèse ou de se mettre à pleurer en lui disant qu'on a peur qu'elle y aille en effet.

L'ancien inspecteur de la Sûreté fait payer ses services fort cher, et comment ajouter foi au témoignage de ce personnage lamentable auquel il confie votre destin, de ce déclassé qui a pour profession de suivre et d'espionner et qui prend dans ses mains sales la photographie de la charmante infidèle ?

A quoi bon attendre soi-même dans un fiacre aux stores baissés, devant des portes dont le vrai mystère ne s'éclaircira jamais ? A quoi bon imaginer l'être cher auprès d'un inconnu, avec ce même abandon qu'on croyait être seul à provoquer, dans une pose dont l'audace et le détail vous affolent ? A quoi bon guetter si la poudre est absente, si les lèvres sont trop rouges, si la coiffure a été défaite et refaite ? A quoi bon empoisonner son bonheur de chaque jour ?

Il vaut mieux fermer les yeux, et, si l'on voit quand les paupières sont baissées, se jurer à soi-même qu'on ne voit pas.

LA MAITRESSE ET LES AMIS

Charles me dit :

— J'ai à te parler. Du reste je ne te vois
plus. Viens au Pousset, demain, à cinq heures.

Je fus très inquiet et le lendemain j'étais
exact.

Charles m'attendait et je cherchai en vain
dans son regard l'expression de satisfaction qu'il
avait d'ordinaire quand nous devions passer une
heure ensemble.

Quand deux amis sont en présence, ils luttent
pour s'imposer l'un à l'autre les choses qui
les intéressent personnellement. Le plus tenace

est vainqueur et fait une énumération détaillée de tout ce qu'il a fait depuis le dernier jour où il a vu son ami. L'amitié ne repose très souvent que sur l'indulgence avec laquelle on écoute des pensées et des récits qui vous permettront par réciprocité de dire vos propres pensées et de raconter les récits où vous avez joué un rôle brillant.

— Il faut que je te parle sérieusement.

Je me résignai et jurai sur sa demande de ne pas me fâcher de ce qu'il allait me dire, augurant fort mal de ce serment et prévoyant déjà toute la difficulté que j'aurais à le tenir.

— Voilà, dit-il. Je crois que ta maîtresse te fait beaucoup de tort et j'ai voulu t'en prévenir. D'abord, tu n'es plus le même, tu changes. Tu es inquiet, irritable. Puis tu es toujours pressé. Bien que tu n'aies rien à faire, tu ne peux pas rester en place. Il te semble toujours que tu seras mieux ailleurs. Et puis ta maîtresse t'attend. Elle t'attend toujours, à toutes les heures. Et si elle ne t'attend pas, par hasard, tu es inquiet de ne pas être attendu. Tu vas dans des endroits bizarres, parce que tu as le soupçon que tu pourras l'y trouver sans qu'elle t'ait prévenu et qu'ainsi tu auras l'avantage de lui faire une scène le premier, quand tu la reverras. Tu ne vois plus personne, tu négliges toutes tes relations, tu vis presque seul.

Je sentais profondément la vérité de ces paroles et cette vérité me remplissait d'une amertume inexplicable pour l'ami qui ne me la cachait pas.

Je répondis sans croire à ce que je disais que mes relations n'étaient pas intéressantes, que c'était une perte de temps de voir des gens dont on ne tire aucun profit, que ma demi-solitude me permettait de réfléchir davantage, qu'enfin j'étais heureux.

— Non, répondit Charles, avec une grande autorité qu'il n'avait pas d'ordinaire et qu'il puisait dans la certitude de ne pas se tromper. Non, car tu es jaloux et tu te sens parfois un peu ridicule. Sous prétexte de liberté, tu permets à Paulette d'aller au bois de Boulogne, au théâtre, avec des jeunes gens de ses amis, avec le docteur V..., en particulier...

Comme je souriais avec un geste pour exprimer à ce sujet une tranquillité d'âme que je n'avais pas, Charles se hâta de s'écrier :

— Je suis persuadé qu'il ne s'est rien passé entre Paulette et le docteur V...

Et je lisais avec une netteté absolue dans son regard qu'il était certain qu'elle était la maîtresse du docteur V...

Il reprit :

— Mais beaucoup de gens le disent. On les voit souvent ensemble. Cela paraît vraisemblable. Et puis, de toi à moi, veux-tu que je te parle franchement?...

Je fis faiblement signe que oui, sentant que j'allais entendre des paroles qu'il aurait mieux valu ne pas entendre.

— Paulette n'est pas la maîtresse qu'il te faut. Tu as les désavantages et tu n'as pas les avantages. Si encore elle était jolie!...

Il se reprit aussitôt :

— Elle est jolie... je veux dire... si elle était très jolie, enfin, une beauté...

Je ne l'écoutais plus. Une flèche empoisonnée était dans mon cœur. Ainsi Charles ne trouvait pas Paulette jolie! Mais non! C'était impossible! Il disait cela pour la dénigrer, par un bas sentiment de jalousie, de haine.

J'entendis vaguement qu'il énumérait divers défauts, des torts que Paulette avait eus et qui à tout autre moment m'auraient paru réels.

Je répondais :

— C'est vrai, tu as peut-être raison, en hochant la tête.

Mais en moi-même je songeais que sans doute Charles avait fait la cour à ma maîtresse et que celle-ci l'avait durement repoussé. Je me la représentais, luttant contre le désir de tous mes amis, de tous les hommes, et devenant l'objet de la colère générale à cause de sa vertu, de son noble amour pour moi. Je faisais le serment de la défendre contre tant d'injustice. Une multitude de souvenirs charmants que je croyais morts revivaient à ma mémoire avec des couleurs éclatantes et faisaient pâlir tous les griefs. Je l'aimais davantage parce qu'on ne la trouvait ni jolie ni agréable.

Telle est toujours en ces matières l'erreur de l'amitié.

— Je t'admire, me dit un jour le peintre F...,
homme perpétuellement illuminé par la joie de
vivre.

Je le regardai, étonné. Son visage exprimait
en effet une admiration dont je m'enorgueillis
aussitôt.

Comme beaucoup de peintres, F... avait une
finesse excessive d'intelligence pour certaines
choses mais était complètement fermé à d'autres.

— Oui, je t'admire d'avoir un tempérament
si peu jaloux.

— Comment?

— Moi, je suis d'une nature toute différente.
Je suis violent malgré moi. La seule idée que
ma maîtresse me trompe, m'affole. Je la battrais
volontiers. Et en somme, c'est toi qui as raison.

— Que veux-tu dire ?

— Tu es dans la vérité ; tu as pris le bon côté
de la vie. Tu veux ta maîtresse à telle heure, tu
l'as. Le reste du temps, elle peut te tromper
mille fois, cela t'est bien égal. Moi qui te connais,
je vois bien que tu es au courant de tout et que
tu t'en moques. Je t'admire et je t'envie.

L'admiration la plus joyeuse était peinte sur

sa physionomie. J'aurais voulu avoir l'énergie de le gifler. Mais il parlait avec une grande sincérité amicale.

— Ah! je voudrais bien être comme toi, mais non, je suis un instinctif, une brute...

Et je songeai qu'il avait raison.

L'INDISCRÉTION, LES CONFIDENTS,

LES BONNES

Il est indispensable de passer pour discret et pourtant il faut donner à ses amours, quand ils sont brillants, une certaine publicité afin d'en retirer tout le bénéfice moral. Il y a une conciliation difficile à trouver.

Un homme dont les femmes seraient assurées de la discrétion, aurait une multitude de bonnes fortunes. Une liaison officiellement reconnue, mais que l'on tient cachée en apparence avec un soin très visible, est encore la meilleure chose.

12.

Mais nous avons un irrésistible besoin de raconter nos peines et nos joies. Une force mystérieuse oblige les hommes à parler. Aussi tout se sait. On n'est jamais assez persuadé de cette vérité. Les confidences faites sous le sceau du secret et après un serment, volent de bouche en bouche. Les plus forts résistent une heure, puis ils disent. Les plus faibles vous écrivent et vous font venir. Pour avoir l'occasion de parler ils font des visites et des démarches.

De même que l'homme qui a pris un fiacre et qui n'en a pas l'habitude, en fait claquer la portière pour que les gens chez qui il arrive sachent qu'il est arrivé en fiacre et ensuite laisse tomber négligemment dans la conversation que le fiacre l'attend à la porte, de même l'homme qui a une maîtresse fait claquer aux oreilles de son interlocuteur les souvenirs de sa nuit, il livre les détails charmants ou volup-tueux de l'intimité avec le même orgueil que l'homme au fiacre met à dire qu'il a donné un franc de pourboire au cocher.

Le héros de l'aventure parle par vanité, pour montrer qu'il est heureux, qu'il joue un rôle dans la vie, qu'il éprouve les émotions habituelles de l'amour ; le confident parle pour montrer qu'on lui a confié quelque chose, par goût naturel de trahir, ou seulement pour voir briller une flamme d'intérêt dans l'œil de la personne à laquelle il s'adresse.

Ainsi, les mots qu'une femme a dits avec tout son cœur, même au plus amoureux des amants, sont divulgués, répandus, commentés. On sait si elle a, ou non, le goût physique de l'amour et quels sont ses gestes préférés. L'indiscrétion est quelquefois en raison directe de l'amour que l'homme éprouve. Il veut qu'on soit jaloux de lui, que tout le monde sache de quelle richesse inestimable il dispose.

Les femmes se confient très souvent à leurs bonnes. Ces personnages simples et familiers jouent un grand rôle dans les liaisons amoureuses. Elles habillent, elles peignent, elles déshabillent, elles sont juges des déceptions, des espoirs, des cas de conscience. Elles placent un conseil, et ce conseil a beaucoup de poids parce qu'il a l'air de venir d'un cœur fruste et sincère. Elles apportent le petit déjeuner au lit, et elles sont les témoins involontaires et indulgents de quelque baiser matinal, de quelque caresse attardée. Leur désapprobation, leur visage sévère est un supplice; leur inimitié systématique est presque toujours fatale.

Les bonnes, c'est là leur principal titre de gloire, sont pour l'amour désintéressé. Elles le défendent en toute occasion avec ardeur. Les bonnes des femmes entretenues favorisent contre leur intérêt les amants de cœur qui ne leur donnent que des étrennes médiocres mais ont pour elles des paroles joyeuses et familières. Elles prennent l'argent du riche amant et ouvrent avec d'autant plus d'allégresse la porte de l'escalier de service ou indiquent une heure favorable à celui qui n'a pour raison d'être que le plaisir qu'il apporte.

Les bonnes des femmes mariées endorment l'attention des enfants, reçoivent des lettres ou vont à la poste restante, aident à tromper le mari. Pour la beauté de l'amour elles risquent leur situation et montrent parfois un réel héroïsme.

D'instinct, elles considèrent le jeune amant qui ne donne pas d'argent, comme un allié, quelqu'un qui lutte comme elles, avec des moyens différents, contre les puissances des préjugés et de la richesse.

Je me rappelle qu'à V..., une certaine Anna se levait la nuit et courait dans les rues désertes jusqu'à la gare pour me rapporter quelque insignifiante parole de sa maîtresse. Je sais que la fidèle Hortense grondait Gaby C..., parce qu'elle me négligeait, et un jour que celle-ci refusa de me recevoir à cause de l'ennui que je lui inspirais, je vis dans le regard d'Hortense, debout sur la porte, une tristesse bien plus grande que la mienne.

Anna, Hortense, ou Marie, avec vos mains déformées par l'eau de vaisselle, sous le tablier blanc de votre uniforme, dans les parfums de la cuisine, ou sous la lucarne de la petite chambre du sixième, vous nourrissez un impérissable idéal. Je vous ai toujours vues passer dans mon bonheur et vous y avez joué un rôle bienveillant et familier. C'est vous qui avez jeté le télégramme où l'on me disait d'accourir. C'est vous qui m'avez dit ces paroles merveilleuses : « Madame vous attend. » Vous avez apporté le café ; vous êtes sorties avec une discrétion exagérée qui ajoutait un mystère plus grand, et votre regard semblait affirmer :

« Je veille sur vous ; je souris à présent, mais si l'on sonne, je deviendrai pour garder la porte un intraitable Cerbère. »

Vous m'avez défendu et protégé, vous avez été pour moi des anges gardiens, et si vous avez triché sur le prix des légumes ou des fruits qu'il vous soit pardonné car vous n'étiez pas capables de me dérober la moindre minute d'amour.

FORCE QUE DONNE L'ABSENCE
DE JALOUSIE

Je me persuadai que la jalousie est un sentiment misérable et qu'il y a du mérite à être trompé.

J'avais éprouvé cette accélération des battements du cœur, ce tremblement des mains, cette immobilité de tous les motifs de vivre, que procure l'idée que la femme qu'on aime pourrait être à un autre. Mais la monotonie de la vie, l'ennui, la crainte d'une éternelle fidélité, la fatigue et la certitude du plaisir avaient usé peu à peu toutes mes velléités de jalousie.

Je me représentai que peut-être une trahison évidente, inattendue, à laquelle ma volonté ne contribuerait pas, serait une fin excellente à une liaison dont je commençais à sentir le poids.

L'irrémédiable mal était la régularité de mes rapports avec ma maîtresse. Être trompé apporterait de toute façon un élément de nouveauté. Ce serait un fait, une chose qui trouble les rapports quotidiens, cause la pensée et le retour sur soi-même.

La jalousie fait naître comme mouvement réflexe la jalousie. Ma maîtresse était jalouse, je l'étais aussi, inconsciemment ou par devoir. Cette jalousie systématique et nullement ressentie était une petite barrière qui m'empêchait d'être trompé. Je travaillai avec ardeur à la supprimer. Ce fut moins aisé que je ne le croyais tout d'abord.

Il me fut difficile les premiers jours de ne pas demander à Paulette ce qu'elle avait fait dans l'après-midi, où elle était allée, etc. J'y parvins pourtant. Je supprimai toutes les questions qui pouvaient faire supposer que je m'intéressais à sa vie, quand elle était loin de moi.

Elle en fut surprise. Elle m'énuméra toutes ses actions sans que je l'interroge, tandis qu'auparavant elle gardait malicieusement le silence et jouissait de ma curiosité qu'elle ne satisfaisait qu'à demi.

Mais je fus distrait, absent, je fis semblant de ne pas écouter. Cette indifférence l'affecta à un point que je n'aurais pu croire.

Toutes les fois qu'une petite discussion surgissait entre Paulette et moi, elle me menaçait d'un certain docteur V..., qui la soignait, qui lui avait fait la cour et dont j'avais été très jaloux.

—Je dîne avec le docteur V..., me dit un soir Paulette.

Je répondis :

— Tant mieux! je suis moi-même invité par des amis.

Et le lendemain, quand je la revis, je lui parlai tout de suite de petites choses indifférentes sans faire la moindre allusion à la soirée avec le docteur V...

Pendant quelques jours je n'entendis parler que de ce docteur V... Il accompagnait mon amie en voiture, il lui écrivait, il allait lui écrire. Mais je gardai une inattention obstinée pour toutes les paroles qui le concernaient; j'approuvai tous les rendez-vous pris avec lui et je ne consentis à prononcer son nom que pour dire l'estime que je lui portais.

Il sembla, un jour, que le docteur V... avait disparu de la terre. Il n'attendait pas Paulette au thé; il ne l'avait pas invitée au théâtre. Je demandai de ses nouvelles; il n'était pas en voyage. Il était simplement rentré dans l'ombre d'où la jalousie l'avait fait sortir un instant.

Il y eut en moi un mouvement irraisonné de satisfaction et de victoire. Ma maîtresse m'était revenue avec une inaltérable fidélité, un redoublement d'amour. Mais j'eus la sensation de perdre un ami en perdant ce docteur V..., que je ne connaissais pas. Il avait été pour moi un occulte allié; nous nous comprenions sans nous entendre; je lui devais mes soirées de liberté. Il n'avait reçu aucun remerciement pour tant de bienfaits.

Je connus la force terrible que donne l'absence de jalousie et que celui qui sait se mettre au-dessus de ce commun sentiment peut faire avec l'humiliation et l'étonnement de sa maîtresse un amour d'autant plus grand qu'il ne rencontre pas les bornes habituelles pour le contenir.

Car la surprise, le sentiment que les règles ordinaires de l'instinct et du cœur sont violées, voilà de puissants attraits pour les femmes.

LES RENDEZ-VOUS

Toutes les fois qu'on a ordonné le matin à sa femme de ménage de mettre des draps neufs au lit, toutes les fois qu'on a disposé des fleurs dans les vases, qu'on a acheté du porto et des gâteaux, la femme qu'on attend ne vient pas.

On a dit d'abord en souriant :

« Les femmes sont toujours en retard! »

On se rappelle d'autres rendez-vous où la même maîtresse arriva une heure après l'instant fixé. Mais elle avait poussé brusquement la porte à peine entr'ouverte pour tomber dans vos bras, et vous embrasser passionnément, insoucieuse des gens qui pouvaient passer dans l'escalier et la voir. Charmante compensation qui évite les paroles inutiles et supprime les premières hésitations, la gène inhérente à la minute où l'on enlève les gants et le chapeau !

Mais quand il y a une heure écoulée, l'inquiétude grandit. On récapitule tous les événements plausibles, toutes les causes sérieuses qui peuvent motiver cette absence. L'ennui qu'on peut inspirer à la femme aimée est le seul motif auquel on ne veut pas s'arrêter. On souhaite plutôt qu'elle soit très malade.

On se dit que ce sont les préparatifs qu'on a faits qui vous ont porté malheur. Pour attendre, on mange un biscuit et l'on boit un peu ; puis, ainsi, ces achats ne seront pas tout à fait perdus. Mais le goût est amer du porto que l'on boit tout seul, dans sa chambre, vers cinq heures et demie de l'après-midi. La superstition vous aide. Ce rendez-vous a été pris un mauvais jour. On se rappelle complaisamment que le mercredi, par exemple, on n'a jamais eu que des déboires et ainsi on attribue le mal présent à une fatalité supérieure au lieu d'en

chercher la terrible cause dans les mouvements
d'un cœur qu'on veut croire immuable.

Soudain une idée vous saisit brusquement et
vous remplit à la fois du regret de la soirée
perdue et de l'allégresse qu'elle ne soit perdue
que par la faute des choses. Votre amie est
venue. Elle a monté l'escalier à l'heure dite,
elle a sonné, elle est repartie. C'est que la sonnette ne marche pas. Cela est arrivé déjà une
ou deux fois jadis. On se précipite. On presse
le bouton; la sonnette retentit allègrement,
même avec plus d'éclat que d'habitude, comme
s'il y avait une ironie dans son bruit.

Il a pu arriver autre chose. Elle s'est trompée d'étage, s'est arrêtée au troisième au lieu
du quatrième; si les locataires ne sont pas là,
personne n'a répondu et elle s'en est allée
croyant que c'était vous qui aviez manqué le
rendez-vous.

On attend encore. Mais on se jette sur son
chapeau et l'on descend quatre à quatre l'escalier. La concierge sait! Elle possède le secret de
votre bonheur! Elle a vu passer certainement
celle que l'on attend. Puis par erreur, malveil-

lance ou folie naturelle, elle a peut-être affirmé
que vous n'étiez pas là.

Le visage de la concierge est lourd de mystère. Il est revêtu d'une importance sans égale.
Elle parle enfin. Un arrêt irrévocable tombe de
sa bouche. Elle n'a vu personne. Elle en est
bien sûre.

On remonte l'escalier, le long escalier sans
fin. Une odeur de cuisine s'échappe d'une porte
ouverte. Il est plus de sept heures; tout espoir
est perdu. On écrit une lettre. Quand elle est
terminée, on s'aperçoit de son absurdité éclatante. Ce sont des reproches amers, l'expression d'une souffrance exagérée, d'un amour
différent de celui qu'on éprouve. On la déchire.
On en commence une autre sur un ton léger et
badin, où l'on affecte une grande indifférence.
On est perplexe. La sonnette retentit.

C'est un télégraphiste. Il tend le petit bleu où
l'on a reconnu une chère écriture, comme si
c'était là un petit bleu ordinaire. On l'ouvre, on
le lit à la clarté de l'escalier. Il y a trois mots
aimables, une vague excuse. C'est bien assez.
Un grand besoin d'expansion vous saisit. Le

télégraphiste est toujours là. Il a l'air intelligent, il semble s'intéresser à cette aventure. On a envie de tout lui dire, de lui montrer le télégramme, de lui demander son avis.

Le télégraphiste attend deux sous. On les lui donne. Il part en sifflotant. Il faut recommencer une troisième lettre. On se dit : « Cette excuse est très valable. Comme elle a été gentille ! Tout va bien. »

Mais au fond on n'en est pas bien sûr. On se sent seul...

ABSURDITÉ DE LA PITIÉ

On prend toujours une femme à quelqu'un.
Il faut se résigner à faire de la peine à ce quelqu'un.

C'est d'ordinaire un homme charmant pour
lequel on a une grande sympathie. Il en a moins
pour vous car il a compris dès l'origine de vos
rapports que vous allez lui prendre sa maîtresse.

Quelque attrait qu'exerce sur vous cet homme
charmant, il faut être impitoyable avec lui, le
dénigrer, le trouver laid et stupide parce qu'il

sera impitoyable avec vous, vous trouvera laid et stupide.

Du reste, une femme qui rompt le fait toujours sans ménagements, avec le maximum possible de la cruauté. Comment comprendrait-elle, au lieu de la jalousie qu'elle espère, une étrange pitié de son nouvel amant?

Je me trouvai une après-midi chez Henriette L... avec Pierre T..., homme fin et lettré qui aimait encore éperdument Henriette et qu'Henriette avait aimé. Nous causâmes. Nous fûmes l'un pour l'autre d'une excessive politesse. Henriette aurait pu se conduire de même, être neutre.

Elle eut des trésors d'invention pour cribler Pierre T..., résigné à tout, de paroles désagréables et blessantes. En vain j'essayai de les atténuer. Il ne se révolta jamais même quand Henriette L... me prit la main devant lui en le regardant avec une délicieuse ingénuité, comme pour le prendre à témoin.

Il était sur le chemin désolé du renoncement. Il demanda en partant à Henriette quand il pourrait la revoir. Celle-ci répondit qu'elle était trop occupée pour que ce soit possible et il s'excusa de sa demande en déclarant qu'il était tout naturel qu'elle soit très occupée.

Il partit. Son pas était si pesant dans l'escalier que je pris mon chapeau, de fort mauvaise humeur, et que je descendis après lui. Je le suivis quelques instants dans la rue en admirant la supériorité physique qu'il avait sur moi et en m'admirant moi-même d'en avoir triomphé, par des paroles, des actions habiles, de l'amour.

Je lui frappai sur l'épaule, il se retourna et je lui dis :

— Je ne voudrais pas que vous m'en vouliez...

Son visage exprima une telle surprise et une telle tristesse que je m'arrêtai. Il répondit en rougissant :

— Mais pourquoi?

A ce moment un arroseur dirigea vers nous le tuyau qu'il tenait à la main et des gouttes d'eau mélangées de poussière nous éclaboussèrent. L'arroseur prononça en même temps des injures que nous comprîmes mal et que motivait notre immobilité.

Nous dîmes en même temps, Pierre T... et moi, une phrase à peu près semblable qui équivalait à ceci :

— Ces arroseurs sont d'une grossièreté!...

Nous étions l'un en face de l'autre, nous nous regardions silencieusement et l'arroseur continuait à nous menacer.

Pierre T... me tendit la main pour mettre un terme à cette inepte situation, en disant :

— Alors, au revoir et je vous remercie...

Je répondis stupidement :

— Mais c'est moi...

Je revins sur mes pas, très mécontent de moi-même, ayant le sentiment d'avoir violé, par une inexplicable pitié, des lois imprescriptibles de jalousie et de haine vis-à-vis de l'homme qui a aimé avant vous une femme qu'on aime.

Je sentis, quand je rentrai chez Henriette et qu'elle me demanda pourquoi j'étais parti brusquement, que je devais lui répondre que c'était pour frapper au visage Pierre T... Je n'en eus pas le courage. Je lui dis la vérité et elle m'en voulut pendant plusieurs jours.

LES MAITRESSES LAIDES

Il y a des hommes modestes qui s'appliquent
à conquérir une maîtresse laide parce qu'ils
croient que c'est plus facile que de conquérir
une maîtresse jolie.

C'est une erreur. La longue habitude d'être
désirée, les regards qui l'ont suivie, des paroles
bizarres prononcées par des hommes qui l'ont
croisée dans la rue, ont, dès l'enfance, prédis-
posé la jolie à se donner. Elle sait qu'il y a en
elle une fatalité de plaisir.

La laide au contraire croit à la vertu. Elle

craint tout de l'amour. Son instinct l'avertit qu'elle subira des avanies à cause de sa laideur, qu'elle inspirera la tristesse et peut-être le dégoût.

Un génie pitoyable anime la laide. Elle est sottement tendre, ridiculement maternelle. Elle a peur des mots exacts, elle emploie des diminutifs qui exaspèrent, elle donne à toute chose la couleur terne de ses yeux. Quand on sort, elle vous recommande de ne pas vous faire écraser par les automobiles. Si elle est croyante, elle prie pour vous. La laide songe que votre chapeau n'est pas brossé. Elle se met de la poudre de riz en cachette. Pour peu que sa vue soit faible, elle porte sans honte des lorgnons ou même des lunettes, car la laide a une facilité inouïe à s'enlaidir encore. La laide est un ange gardien qui a peu de cheveux, des mains vulgaires et une robe qui lui va mal.

Malheur à vous, maîtresses maigres qui avez un long nez et de petits yeux. Malheur à vous, corps déformés, trop courts, trop gros. Votre pudeur est une offense, une menace terrible, permanente ; on veut en triompher, car la laideur exerce une attraction aussi grande que la beauté et l'on pleure sur cette victoire sans récompense. Votre impudeur est plus cruelle que votre pudeur. Cette forme dérisoire, inharmonieuse, qui se dresse brusquement dans la lumière bleue de la chambre et s'impose au rêve que l'on formait est comme un encrier jeté sur le visage de la Joconde.

O laides, pourquoi ne vous adonnez-vous pas uniquement aux travaux de l'aiguille, à la littérature, à la dactylographie? Jouez du piano, on peut vous écouter les yeux fermés. Faites de la bicyclette, on peut regarder quand vous passez les arbres et le ciel.

O laides aux pieds immenses, aux oreilles en éventail, aux doigts carrés, renoncez à l'amour, il ne vous donne aucun plaisir. Celui que vous semblez y prendre, que vos cris et que vos larmes trahissent, est un plaisir simulé et vous essayez d'en donner l'illusion parce que vous avez entendu dire, ô laides, que les jolies font ainsi.

Malheur à vous, amants des maîtresses laides qui avez cédé au hasard, au brusque désir, à la tristesse de rentrer seuls à minuit, car chaque heure passée auprès d'un corps affreux, d'un visage sans grâce, est un pas en arrière sur le chemin de sa propre réalisation.

ÉTRANGE PRESTIGE DES ACTRICES

On ne saurait expliquer l'étrange prestige des
actrices. Pourquoi suppose-t-on que des femmes
qui jouent des pièces de théâtre, qui dansent ou
qui chantent, sont des amoureuses exception-
nelles? Elles passent leur vie à simuler une
reproduction conventionnelle de l'amour ;
comment pourraient-elles interrompre cette
contrefaçon et donner de l'amour véritable ?
Va-t-on acheter des diamants chez quelqu'un
qui vend du strass ?

Leur amour ressemble aussi peu à l'amour
que la chicorée au café. La couleur est la même,

le goût est plus amer; il y en a davantage mais
cela fait mal à l'estomac et n'éveille pas le cerveau.

Les actrices ont les mêmes défauts que les
autres femmes :

Elles ont le matin les cheveux tirés. Quand
elles dorment, une expression stupide dépare
leur visage. Elles manquent sans mesure de
pitié pour leurs ennemis. Elles sont tour à tour
trop sévères et trop familières avec les bonnes.
Elles se laissent parler dans la rue par des gens
qu'elles ne connaissent pas et qui sont toujours
des gens très importants. Elles racontent à leur
amant des rêves incongrus où paraissent d'autres
hommes qu'eux. Leurs bas noirs déteignent ou
se sont troués justement cinq minutes avant
qu'elles enlèvent leurs bottines, etc.

Et elles ont en outre des défauts qui leur
sont personnels :

La vue d'un jeune homme au visage rasé les
trouble immodérément, elles brûlent de savoir
à quel théâtre il appartient et ce désir se trahit
par des signes et des sourires à l'adresse du
jeune homme. Des êtres grossiers et inabor-

dables qui sont directeurs de théâtre ont sur elles une autorité absolue et elles citent avec admiration et respect les injures que ces demi-dieux ont bien voulu leur adresser. Elles donnent à certains mots tels que « feux », « panoufle » « four » un sens qu'ils n'ont pas dans le langage ordinaire et elles les font revenir sans cesse dans la conversation. Elles reçoivent de leurs habilleuses des conseils sur la direction générale de leur vie, les relations qu'elles peuvent se faire et elles en sont profondément impressionnées. Elles ont horreur de la nature parce qu'elles trouvent que c'est une imitation mal peinte et inhabile des décors de théâtre. Elles sont persécutées par leurs camarades qui embusquent dans la salle une foule d'amis et de gens à gages avec mission de murmurer et de hausser les épaules quand elles parleront. Elles ne lisent jamais rien, même pas les pièces dans lesquelles elles jouent, dont elles ne connaissent que leur rôle. Elles ont des mères et si elles n'en ont pas, elles paient des sortes de fonctionnaires féminins pour en tenir lieu. Elles tutoient avec orgueil le régisseur, le souffleur et le chef d'orchestre. Elles ne se sentent vraiment bien, chez elles, à leur aise, que dans leur loge où l'air est irrespirable, où il n'y a pas de siège confortable et où tout le monde peut entrer quand elles se déshabillent.

Amant des femmes de théâtre, je t'ai vu plusieurs fois te glisser avec fierté par la porte qui donne accès sur les coulisses. Tu salues très poliment la concierge et les machinistes que tu rencontres, avec l'espoir de te les concilier. Tu as le sentiment que tu es dans un endroit d'élection, un rare séjour de fantaisie, d'art et de plaisir. Là, tout est revêtu de beauté, le couloir sinistre devient par une grâce d'état une magique galerie, la poussière est excusable de salir et l'injure qu'échangent les figurants a, dans sa grossièreté, toute la saveur de la vie. Tu ne peux savoir à quel point tes bonbons et tes fleurs sont inutiles, combien ton habit correct, ton camélia à la boutonnière, ton air d'homme du monde ajoutent peu à tes chances de succès. Tu ne le sauras jamais. Tes doigts gantés frapperont éternellement à la porte de bois de la loge ; timide et élégant, tu baiseras une petite

main donnée avec indifférence. L'idéal que tu
t'es fait au collège te condamne pour toute la
vie aux amours de théâtre. Gràce à ta vanité et
à ta fortune un imberbe élève du Conservatoire
goùtera cette première ivresse que donne une
maîtresse luxueuse.

DUFAYEL

Tu as acheté des meubles à crédit. Tu en
jouis, tu les paies, par petites sommes, tous les
mois à un employé et cependant tu n'as pas
fait la connaissance de Dufayel lui-même, grâce
auquel tu as des rideaux qui t'abritent, une
table où tu travailles, un tapis et des coussins
qui te donnent à l'aide de ton imagination la
sensation du luxe.

Agis de même pour le mari ou l'amant sérieux de la femme que tu aimes. Ignore sa
forme et son visage. Laisse-le dans cette ombre

inconnue où sont les puissances dont dépendent
notre bonheur.

Quel qu'il soit, ta maîtresse t'aura confié,
avec un sourire, qu'il est, par une curieuse
pauvreté de sa nature, incapable de tout plaisir
physique. Tu auras accueilli avec une bienveillance infinie cette affirmation d'autant plus
certaine à tes yeux qu'elle n'était pas vérifiable.
Tu sauras que ta maîtresse ne reste avec lui
que par pitié, parce qu'il se tuerait sans doute,
si elle le quittait; et aussi à cause de quelques
considérations matérielles.

Fuis donc cet homme impuissant pour ne pas
être choqué par son apparente vigueur et ne
pas avoir à t'émerveiller des contradictions de
la nature.

Puis, quelque défectuosité que tu remarque-
rais, une hypothèse suggérée par son allure
pourrait t'hypnotiser soudain et empoisonner
désormais tes nuits avec la vision d'une image
trop réelle.

Résiste aux ruses de ton amie qui n'aspire
qu'à voir réunis autour d'elle deux êtres qui
lui sont chers pour des raisons différentes et

dont le rapprochement lui permettrait de développer son génie de tromper.

Le mari est un compagnon qui abuse de son autorité. Il emploierait souvent pour parler à sa femme des termes qui te choqueraient et tu ne pourrais intervenir sans que cette intervention soit déplacée.

Il ne manquerait pas de dire, quand vous auriez passé une soirée ensemble : « Allons nous coucher ! » avec un geste tendre et familier pour prendre le bras de ta maîtresse et tu sentirais peut-être dans ce geste une affectation victorieuse. Tu serais assez lâche pour les accompagner jusqu'à leur porte et une solitude épouvantable pèserait alors sur toi.

Profite du lit, étends-toi sur les coussins, foule le tapis, paie l'employé, mais ne demande pas à voir Dufayel.

LA CONFIANCE EN SOI

La confiance en soi est comme l'inspiration du poète. C'est le don d'une matinée où l'on s'éveille de bonne humeur après avoir bien dormi.

L'on songe immédiatement que l'on a, en somme, une situation importante que beaucoup de gens doivent envier, que l'on se porte bien, que l'on a un physique suffisant et une intelligence plus grande que celle de tous les gens que l'on connaît.

L'on sort dans la rue et l'on remarque tout

15.

de suite et sans étonnement que les femmes qui
passent vous regardent avec sympathie.

L'on peut avec la presque certitude de la
victoire se livrer à des démarches qui seraient
à tout autre moment prématurées ou dangereuses.

Il n'est pas essentiel ce jour-là d'avoir mis le
costume qui va le mieux, ni même d'être rasé
de frais. La confiance en soi supplée à ces
apprêts qui ne sont absolument nécessaires que
les jours où manque la confiance en soi.

Le magnétisme des regards, prélude des
liaisons qui s'ébauchent dans les omnibus, le
métropolitain ou dans la rue, n'est pas inutile,
malgré le ridicule qui s'y attache, s'il est accom-
pagné d'une grande confiance. Par les yeux se
transmettent les désirs sensuels et ces désirs
sont contagieux. Mais il ne faut pas alors qu'un
battement de paupière trop rapide trahisse une
hésitation, une faiblesse.

Avec la confiance, on peut aborder dans la
rue plus de femmes distinguées qu'on ne croit
d'ordinaire. Mais il faut, quand on pose ces
questions banales, quand on émet ces généra-

lités vaines qui sont les habituelles entrées en matière, ne pas avoir dans la voix le plus léger frémissement qui pourrait faire croire à une crainte.

De même lorsque l'on dit à une femme : « Voulez-vous faire avec moi un tour en fiacre? », il ne faut pas rougir comme si l'on proposait d'accomplir une mauvaise action.

Une femme qui accepte de s'isoler dans ce petit cube de bois a toujours l'arrière-pensée d'être embrassée.

Il faut dire au cocher : « A l'heure! » avec beaucoup d'autorité et le regarder d'un regard sévère, afin qu'il ne mâchonne pas des paroles plaisantes sur « les amoureux » ou qu'il ne se mette pas à rire solitairement en fouettant son cheval.

Baisser les stores est une formalité qu'il faut éviter. Celui qui a confiance ne craint ni d'être vu, ni de compromettre, il est emporté par sa passion et l'absence de toute réflexion est un signe d'assurance irrésistible. Beaucoup de femmes croient du reste vaguement que lorsque les stores d'un fiacre sont baissés, les agents de police ont le droit d'intervenir pour voir ce qui se passe derrière et cette pensée diminue leur liberté d'action.

Il faut beaucoup oser.

Que de femmes à l'allure fière, aux paupières baissées, qui espèrent ardemment des gestes audacieux sans que rien dans leur attitude puisse trahir cette espérance !

Il n'y a pas de geste inconvenant, de brusque proposition qui ne soient pardonnés, quand ils sont attribués à un irrésistible amour.

RÉUSSIT-ON PAR LES FEMMES

OU VOUS EMPÊCHENT-ELLES DE RÉUSSIR ?

C'est une légende surannée de croire que
l'on peut réussir par les femmes. Au contraire
elles vous empêchent de réussir.

Ceux qui triomphent dans les affaires du
monde ne sont d'ordinaire pas les vrais maîtres
des femmes. Ils n'arrivent à l'être que par leur
argent, leur pouvoir. Ils n'ont qu'un don su-
perficiel. Les femmes réservent le meilleur
d'elles-mêmes, l'essence subtile de leur amour
pour des gens incapables de réussir dans la vie

parce qu'ils ont tourné toute leur puissance d'effort vers les femmes.

Les femmes sont un obstacle à la réussite, un obstacle frêle d'apparence, fait de chair, mais qui a la dureté et le poids de la pierre.

Je ne parle pas des épouses de ces fonctionnaires qui sollicitent dans les ministères un avancement pour leur mari et l'obtiennent en prenant rendez-vous avec un chef de bureau ou un directeur du personnel. Il est évident que la beauté de la femme étant une valeur, on peut obtenir ce que l'on désire par voie d'échange.

Du reste, quand on dit en ricanant de quelqu'un qu'il a obtenu divers avantages matériels grâce à sa femme, c'est le plus souvent grâce au seul prestige qu'a un homme qui est marié à une jolie femme sans que celle-ci ait rien fait pour cela.

Les femmes sont un obstacle quand elles ne vous aiment pas, parce qu'alors elles vous trompent et vous font soupçonner d'être un amant ou un mari complaisant ou stupide et que la réputation de complaisance et de stupidité vous diminue.

Les femmes sont un obstacle quand elles vous aiment. Alors, une lutte sourde et impitoyable éclate entre elles et tout ce qui n'est pas elles.

Ma maitresse m'a toujours empêché d'aller dîner en ville. Quand j'ai prétexté des invitations de gens très importants, elle s'est d'abord efforcée de me persuader qu'ils n'étaient pas importants et qu'ils ne pourraient me servir à rien. Si je citais des noms tels qu'elle était obligée de s'incliner, elle abondait dans mon sens, même se réjouissait avec moi d'une telle aubaine, mais déclarait aussitôt qu'elle avait besoin de se distraire et citait parmi les gens avec qui elle comptait passer la soirée ceux qui pouvaient m'être désagréables ou susciteraient ma jalousie.

La maitresse oblige l'amant, quand il est loin d'elle, à regarder l'heure fiévreusement, à écourter tous les entretiens, à se jeter dans une voiture, malgré le peu d'argent qu'il a sur lui, parce qu'elle lui a inspiré par ses scènes la terreur de la faire attendre.

Elle accomplit, chaque jour, un lent et mé-

thodique travail pour user, effriter les relations
et les amitiés. Elle a des impolitesses qu'on
ignore et qui exilent de chez vous telle personne
qu'elle n'aime pas. Ces relations, inutiles en
apparence, sont un soutien, un rayonnement
amical, créent autour d'un homme une atmosphère bienveillante. Les femmes détruisent
cela, comme elles voudraient détruire les
livres qu'on lit, les pensées qu'elles ne connaissent pas.

Elles vous condamnent à une solitude stérile
et l'on est comme un arbre dans un désert, qui
n'a pour compagnon que le vent qui le caresse
et le secoue et le brisera un jour.

Les femmes ne sont pas créatrices et ne peuvent susciter l'activité, qu'au début, quand on
ne les a pas encore et qu'on veut briller à leurs
yeux par des actions éclatantes.

LES AVENTURES EN CHEMIN DE FER

Un wagon à couloir est une petite ville
mouvante longée par un étroit chemin. Les
quelques personnes qui habitent cette ville
sont oisives, dépossédées de leurs habitudes,
énervées par le mouvement. Ce sont là des con-
ditions très favorables à l'amour.

Que faire lorsqu'on est assis en face d'une
jeune femme blonde qui vous regarde avec une
grande sympathie?

Il y a plusieurs méthodes. On peut imaginer
un amour spontané, irrésistible, le coup de
foudre. Il faut, dans ce cas, rougir et pâlir tour
à tour, écrire fiévreusement des choses avec un

crayon, sur un morceau de papier, montrer
avec des yeux brillants cette lettre improvisée,
pliée en quatre. On peut aussi, plus simplement,
offrir le journal, ou dire qu'il fait chaud, lever
ou baisser le store, selon le soleil. Il y en a
qui simulent un personnage bonhomme et
joyeux, qui parlent à tout le monde et font des
réflexions sur tout à haute voix. Il y en a qui
jouent l'indifférence. Mon ami Léon, dont j'admire et envie les succès féminins, prétend profiter du moindre tunnel pour faire un geste
très audacieux.

Je délibérais en moi-même, plein d'inquiétude. À l'autre extrémité du compartiment une
dame âgée et distinguée jetait parfois, de mon
côté, un coup d'œil sournois.

Que pensait-elle? Sans doute elle devinait
mes intentions et elle attendait un geste ou une
parole de moi pour laisser paraître sur son
visage une expression de mépris et de pitié.

Cependant je m'efforçais de jeter à la jeune
femme blonde les regards les plus brûlants, je
choisissais la pose la plus séduisante, un air à
la fois tendre et rêveur.

Mais voilà que la jeune femme blonde se pencha gracieusement vers moi et me dit en souriant :

— Vous ne me reconnaissez donc pas, monsieur Hubert ?

Ce nom m'était inconnu. Il y avait une méprise. Une idée de génie traversa mon cerveau. Je répondis :

— Je vous reconnais parfaitement.

La conversation s'engagea. Je jouai à merveille le personnage de M. Hubert et m'étonnai de ma propre adresse.

C'était une femme du plus grand monde et qui avait, depuis très longtemps, un faible pour M. Hubert. C'est du moins ce que devinait ma perspicacité.

« Quelle admirable coïncidence ! pensai-je. Quelle merveilleuse méprise ! »

Je parlai avec délicatesse et réserve, mais en laissant apparaître une passion contenue de mon amour antérieur.

Je fus accueilli par une moue favorable.

J'allais à **Luchon**, elle aussi. Le train s'arrêta. Je jetai à la dame âgée et distinguée un

regard de triomphe et je vis, sur son visage,
le regret qu'un incident ridicule pour moi ne
soit pas survenu.

Ma nouvelle amie descendait dans un hôtel
qui me sembla fort coûteux pour ma bourse. Il
n'importe! Tous les sacrifices étaient nécessaires
pour mener à bien une telle aventure.

Le repas fut gai. Des miracles de sous-en-
tendus, des prodiges de souvenirs compris à
demi-mot me permirent de jouer mon rôle de
M. Hubert.

Elle était fatiguée, nous montâmes de bonne
heure dans nos chambres qui étaient contiguës.
Elle défit ses cheveux qui lui donnaient mal à
la tête, nous respirâmes l'air du soir à la fenêtre,
et j'eus alors sur les montagnes, la nature, nos
cœurs, l'amour, des paroles sentimentales et
spontanées qui déterminèrent le sens de la soirée. Je connus un bonheur plus honorifique
que réel.

Au matin, j'allai me promener seul et regardai les femmes sur les quinconces avec une suf-
fisance qui ne m'était pas habituelle.

Ma conception de l'humanité était changée.

La vie était, pour les audacieux, une série d'aventures joyeuses et imprévues.

Quand je rentrai, mon amie avait reçu un télégramme d'un de ses oncles malade qu'elle appelait « le général » et qui l'obligeait à partir pour Ostende.

Nous nous précipitâmes à la gare. Je pris son billet. Il y a loin d'Ostende à Luchon. Presque tout mon argent s'en alla en échange d'un petit morceau de carton.

Sur le quai, un peu d'amertume me vint et aussi l'envie confuse de montrer que je l'avais dupée.

— Et si je n'étais pas M. Hubert? dis-je.

Elle se mit à rire comme s'il s'agissait d'une plaisanterie que nous avions faite à deux.

— N'est-ce pas que c'était un bon moyen? fit-elle.

Le train s'éloigna et seulement alors je compris.

LES BIENFAITS

L'amour de celle que l'on aime fait toujours
défaut au moment où nous en avons le plus
besoin.

Toutes les fois qu'il m'est arrivé un grand
ennui, par une curieuse coïncidence, il en est
arrivé un plus grand à ma maîtresse, qui a
relégué le mien au deuxième plan, comme une
chose tout à fait négligeable, et j'ai été obligé de
m'excuser de mon propre souci afin de la mieux
consoler.

Lorsque j'ai été un peu malade, j'ai senti que
ma maîtresse m'aimait moins parce que j'étais

un compagnon moins agréable, moins brillant. Elle a eu cette semaine-là plus de robes à essayer et plus d'invitations à dîner qu'elle n'a pu refuser. Quand elle s'est décidée à me soigner, elle a mis tellement d'ostentation à sa sollicitude que j'ai eu la sensation d'être un pauvre infirme et que j'ai eu honte de moi-même. A ces quelques heures de soins elle a fait une immense publicité auprès de ses amis et des miens et beaucoup la considèrent comme une véritable sœur de charité qui m'a sauvé la vie.

Et puis subitement, comme si elle avait reconnu l'excellence de cette méthode, ma maî-tresse m'a accablé de bienfaits.

Elle m'a souhaité la fête d'une façon inatten-due, restaurant sans raison cette habitude per-due de souhaiter la fête ; elle a disposé des fleurs dans les vases de ma cheminée et mis de l'ordre sur ma table ; elle m'a apporté une photographie d'elle quand elle avait quinze ans, que je désirais beaucoup avoir ; elle a fait diverses recommandations à ma femme de ménage ; elle a recopié des vers que j'avais écrits, et bien que son écriture soit presque illisible, j'ai été obligé de déclarer qu'elle étaiť parfaite. Quand j'ai voulu acheter un chapeau, elle m'a sauvé d'une erreur capitale en m'empêchant d'acheter un chapeau gris que mon mauvais goût naturel me poussait irrésistiblement à acheter. Elle a remédié à mon manque de jugement en m'écartant de plusieurs amis qui auraient pu me faire beaucoup de tort. C'est grâce à ses conseils que j'ai fait plusieurs démarches utiles et elle en a fait, elle-même, quelques-unes qui, par un enchaînement de circonstances prévu et combiné, ont eu une grande et heureuse influence sur ma destinée. Sa surveillance, pendant les repas, m'a empêché d'avoir une maladie d'estomac. Sans elle, à cause de ma ridicule distraction, j'aurais été écrasé mille fois par des automobiles. Sans elle, j'aurais été brouillé avec ma concierge, sans elle je n'aurais pas eu de relations, sans elle, sans son sourire aimable, j'aurais été mal placé au théâtre, et grâce à sa présence les cochers consentaient à me porter.

Il était notoire que j'avais appris à lire et à

écrire dès l'âge de cinq ans, sans cela le bruit aurait couru que j'avais reçu d'elle ces modestes connaissances.

Elle m'a suggéré toutes mes pensées, a dirigé toutes mes déterminations et quand j'ai acheté une boîte d'allumettes, ç'a été avec son assentiment.

Enfin quand il fut bien évident que je ne pouvais plus mettre mon pardessus sans son secours, ouvrir la fenêtre à mon gré, admirer un livre qu'elle n'admirait pas, je pensai avec allégresse qu'il restait encore une action qu'il m'était possible d'accomplir seul : c'était d'ouvrir la porte et de me sauver en courant, très loin...

SUPÉRIORITÉ DES FEMMES ROSSES

Les femmes rosses sont de beaucoup les femmes les plus intéressantes. Dans chaque femme rosse il y a une amoureuse éperdue. Ce sont des fleurs de tendresse qui se sont séchées. Mais cette sécheresse n'est qu'apparente ; il y a un secret pour leur redonner la couleur et le parfum.

Elles ont une volonté terrible de trouver ceux en présence de qui elles sont, faibles et dominés. Elles imposent, elles suggèrent cette faiblesse et cette domination. Et elles n'ont aucun scrupule à faire du mal à ces vaincus.

Mais elles sont comme le guerrier Achille, invulnérables, sauf par un point. Ce point est variable et déconcertant. Ces triomphatrices qui passent, et jettent sur les hommes de froids regards, sous leur chevelure qui semble un casque, sont à la merci d'une flèche habilement lancée.

De ces âmes fermées peut jaillir une source inattendue. De même que l'audacieux est un ancien timide, le cœur sec cache des trésors d'émotion. Il a craint d'être trop tendre et il s'est enveloppé sous un vêtement d'ironie et de dédain.

Je vous aime, femmes rosses, vous qui lisez d'un œil distrait les lettres d'amour que vous recevez, vous qui vous plaisez à conter à votre amant du jour les plaisirs pris avec l'amant de la veille pour voir dans ses yeux la jalousie et la souffrance, vous qui haussez les épaules si l'on parle de se tuer pour vous, et qui n'auriez peut-être pas un battement du cœur si on le faisait, je vous aime parce que votre indifférence présente a pour cause votre sensibilité de jadis, parce que ce sont des larmes cristallisées qui donnent à vos yeux ce reflet d'acier dur, parce que le jour où vous ouvrez vos bras, vous seules savez vous donner toutes avec amour.

LA LIGUE CONTRE LE BONHEUR

Les avantages acquis dans la vie ne le sont
jamais définitivement. Il faut perpétuellement
lutter pour les conserver. Celui qui est immobile, celui qui dort, perd du terrain par le seul
fait de cette immobilité et de ce sommeil. Le
mouvement des hommes, les événements, sont
destructifs. Il faut, pour obtenir et pour garder,
une volonté active.

Ce qu'on acquiert dans le domaine de l'amour
est ce qui est le plus susceptible d'être attaqué
et emporté. L'amour est la richesse la plus pré-

cieuse, celle qui excite le plus de jalousie et
d'indignation.

Le possesseur d'une grande fortune s'installe
dans une ville où il est inconnu. Personne ne
le considère *à priori* comme un voleur. Il est
honoré spontanément comme un riche personnage. Deux amants au contraire seront vus d'un
œil soupçonneux ; je parle bien entendu du cas
où la femme est jolie et où tous deux donnent
le sentiment d'être heureux. Leur bien, c'est-à-
dire leur bonheur, est, jusqu'à preuve du contraire, un bien mal acquis, il a pour base l'adul-
tère ou une vie déréglée. Ils sont en butte à
l'ironie des serviteurs, à l'hostilité des familles,
à une vague malveillance générale.

De suite que dans un milieu donné une liaison s'établit, une ligue obscure se crée autour
de ceux qui s'aiment pour entraver leur amour,
les faire se séparer.

L'amant voit venir l'ami psychologue qui par
sa fine pénétration a discerné qu'il ne doit pas
continuer à aimer une femme si peu faite pour
lui. Il doit rompre pour éviter de grands
malheurs, en vertu d'une loi sur les caractères

rigoureusement établie. Puis il y a l'ami qui dit tout, à cause de la sincérité irrésistible qui est en lui. Il nomme à son ami les amants que sa maîtresse a eus avant lui et il donne tous les détails qu'il sait, poussé par la force de la vérité.

La maîtresse de son côté entend des choses plus terribles parce que les femmes osent plus que les hommes mêler la calomnie à leurs paroles et faire un habile mélange d'une petite chose vraie avec beaucoup de mensonge.

Cette ligue d'amis trouve des auxiliaires inattendus, la concierge, les locataires d'en face, les bonnes, qui apportent le poids de leur désapprobation. Et il y a même des personnes absolument inconnues des amants qui s'en occupent, vont les unes chez les autres pour s'en entretenir, affectent d'être scandalisées, tâchent de leur nuire.

Le bonheur doit être armé pour vivre ; il devrait même, s'il était sage, porter les premiers coups, afin de ne pas être enseveli sous le flot incessant des critiques, des offenses, des insinuations calomnieuses.

17.

RAPPORTS ENTRE LES FEMMES
ET LES CHOSES DE LA PENSÉE

Il m'est arrivé à plusieurs reprises d'aller
faire une visite avec mon ami Charles X... Il
sonnait et il disait à la bonne :

— Dites que c'est M. X...

Et il omettait complètement de mentionner
ma présence. J'en étais toujours vexé et une
fois, étant de mauvaise humeur, j'ajoutai d'une
voix éclatante qu'il fallait dire que M. M...
aussi était là.

Quand on parle d'un livre, d'une pièce de
théâtre, quand on émet une idée, il faut être

vis-à-vis des femmes comme mon ami Charles vis-à-vis de moi quand nous faisons une visite, négliger leur opinion, comme il négligeait ma présence.

Il n'y a aucun danger qu'elles s'écrient :

— Mon avis est différent du vôtre !...

Elles écoutent et acceptent docilement. Car la qualité qu'elles reconnaissent le plus facilemen t à l'homme, si celui-ci déclare qu'il la possède, c'est la supériorité intellectuelle. Mais il ne doit pas montrer alors le plus léger scepticisme et il doit se parer d'une supériorité universelle, tout savoir. Un poète ne peut pas ignorer la chimie, par exemple, sans paraître un médiocre poète.

Du reste les choses de l'esprit ont pour elles une importance secondaire.

Comme j'avais la folie de causer des poètes de l'antiquité avec mademoiselle E..., je vis au bout de quelques minutes qu'elle pensait qu'Homère et Virgile étaient un seul et même homme, appelé différemment dans des pays différents. Je lui fis remarquer avec toutes les précautions qu'exigeait la plus élémentaire délicatesse combien elle était dans l'erreur. Elle n'en eut point la moindre confusion et dit :

— C'est vrai. Je n'y avais plus pensé.

Puis elle ajouta :

— Comment faites-vous donc pour ne jamais vous tromper ?

C'est une erreur de l'adolescence d'attribuer à la poésie un pouvoir infini.

Certes des jeunes filles gardent pieusement le sonnet d'Arvers ou des poésies de Musset que des jeunes gens leur ont glissés en cachette, en s'en attribuant la paternité.

Le fait d'être poète n'est pas pour les femmes une vertu en soi.

Elles y voient, ou y croient voir, le signe d'une âme tendre, l'assurance que celui qui a écrit ces choses est prêt à perdre son temps pour se consacrer à elles, et donnera à l'amour un caractère sublime dont leur vanité féminine sera satisfaite.

Mais on peut arriver à ce résultat par des paroles qui ne sont pas rimées. Et ainsi on a les avantages de la poésie sans en avoir les inconvénients.

Ces inconvénients sont grands. Celui qui se flatte d'être poète devient immédiatement, pour les femmes, triste, bon et sans assurance. Ne pas faire rire, ne pas laisser flotter la vague menace d'une méchanceté inattendue, manquer d'autorité vis-à-vis des cochers et des garçons de café, voilà de terribles défauts que ne compensent pas les pensées élégiaques qu'on est susceptible d'écrire.

Il vaut mieux triompher dans toute autre partie, comme l'agilité au tennis, l'art de conduire une automobile, la déclamation.

DIVERS

Tu périras d'être trop sensible. Il ne suffit
pas de ne pas pleurer. Les femmes savent voir
même les larmes qui ne coulent pas et elles se
sentent plus fortes de cette faiblesse cachée.

Il y a un grand danger à ne pas donner la
sensation qu'on va arriver d'un instant à l'autre
au plus haut degré dans la carrière qu'on a
embrassée. Si tu fais de la politique, donne-toi
sans crainte comme un futur président de la

République. Si tu t'occupes de Bourse ou de banque, parle en souriant de la fortune de Rothschild comme d'une petite fortune, à côté de ce que sera la tienne plus tard.

On a toujours avantage à n'employer dans la conversation que des mots choisis, à ne pas se laisser aller à ces grossièretés de langage qui sont la caractéristique des propos d'hommes. Si les mots vulgaires prennent parfois quelque saveur quand ils sont placés à leur heure, cette saveur est d'autant plus grande qu'elle a le mérite de la rareté.

Il convient cependant de faire une exception pour les femmes et les filles d'officier qui emploient volontiers des mots crus. On peut sans crainte de les choquer appeler toute chose par son nom.

On ne doit battre une femme qu'avec une

fleur. C'est alors une manière de caresser poétiquement. Mais rien ne peut faire croire qu'une gifle dornée à sa maîtresse amène chez elle une recrudescence d'amour.

La plus jolie femme, soit parce qu'elle est sous l'empire d'une pensée inattendue, soit parce que le repos provoque un affaissement de ses traits, devient laide tout d'un coup, à certaines minutes. La beauté est fuyante. Il faut s'y résigner et attendre son retour en détournant la tête et en s'efforçant d'effacer de son esprit la mauvaise image.

La question la plus importante est de savoir d'une femme si elle a des sens ou si elle n'en a pas. Les femmes qui en ont le cachent souvent. Si on les questionne, elles demeurent muettes. Celles qui n'en ont pas au contraire se flattent de n'en pas avoir, comme d'une qualité. Et

c'est là une chose extraordinaire; car on n'a
jamais vu un poète dire que ses poésies sont
stupides ou un bijoutier louer ses diamants en
affirmant qu'ils ne brillent pas.

On ne tient une femme que par les sens,
mais ces sens eux-mêmes, on n'arrive à s'en
emparer qu'en vertu d'une harmonie naturelle
qu'on n'est pas le maître de créer.

LA FOURMI AILÉE

Quand on prend une fourmi dans sa main, il est très difficile de l'y garder quelques minutes. Elle a peur, court affolée et glisse entre vos doigts. Si on serre la main, on l'écrase, si on l'ouvre, elle tombe. Comment la retrouver alors parmi les grains uniformes de la terre ou les herbes d'une prairie? Il arrive aussi qu'elle monte audacieusement dans votre manche et je ne parle pas du cas où il s'agit d'une fourmi ailée et armée d'un dard aigu.

L'affection des femmes est pareille à la fourmi captive. Quand on l'a saisie une fois entre ses deux mains, si on ne l'écrase pas par un excès d'amour, elle fuit, elle se dérobe, elle tombe, elle s'envole, quelquefois après vous avoir cruellement piqué le cœur.

De même qu'il y a des gens qui cachent une immense stupidité sous un sourire fin et sceptique, de même, il y a des femmes qui cachent une totale absence d'affection à l'aide de certaines formalités de sensibilité.

Elles ont brusquement cessé d'aimer, et, surprises elles-mêmes d'un tel changement, elles continuent quelque temps encore à donner des marques d'amour simulé.

Combien la clairvoyance est alors un don déplorable! On s'est aperçu que la main joyeusement tendue à l'arrivée, le long regard qui accompagne le départ, ne sont que les aspects conventionnels d'une sympathie qui décroit. Alors on pèse, on scrute, on compare, on se souvient. On voit que la tête aimée se détourne légèrement quand on veut baiser les lèvres et que ces lèvres quittent aussitôt les vôtres dès que cela est possible sans injure. Le moindre geste familier froisse le corsage, abîme la jupe,

tandis qu'avant il n'y avait pas de robe qui ne
soit saccagée avec allégresse, dans l'oubli d'une
étreinte. Chaque effort que l'on fait, chaque
geste de tendresse, chaque parole trahit désormais un excès d'amour et parce qu'on a perdu
du terrain on en perd encore davantage.

Malheur à celui qui a laissé avant l'heure
s'échapper de sa main la fourmi ailée ! Il s'age-
nouillera sur la terre pour chercher la trace de
ses pattes menues ou il courra comme un fou
pour poursuivre dans l'air le petit être au vol
capricieux.

Malheur à lui, surtout s'il attribue à ses
propres fautes la perte de l'amour ! Il se rap-
pellera amèrement ses attitudes, ses paroles, il
se redira mille fois les phrases habiles qu'il
aurait dû prononcer et dont il trouve trop tard
la force séduisante.

Puis il sera hypnotisé par une vision précise
et cruelle. Les moments les plus heureux qu'il
aura passés avec sa maîtresse reviendront à son
esprit avec une puissante netteté. Il reverra des
gestes d'abandon, des élans vers lui dont il
n'avait pas goûté sur le moment tout le charme,

18.

de même que l'homme qui a un bel appartement ne jouit pas du luxe de ses meubles et en comprend l'agrément lorsqu'il en est privé. Telle caresse, qui lorsqu'elle fut donnée et reçue était une menue monnaie de la tendresse, devient par le souvenir une merveilleuse richesse.

La plus grande douleur de l'amour est faite avec le sentiment du bonheur perdu. Mais comment te garder, délice insaisissable, fluide élément, toi qu'use le frottement discret de la vie, que brûle le petit rayon d'un regard, qu'émiette le frôlement d'une main inconnue ?...

RUPTURE

Après un long silence, Henriette L... me dit
en me prenant la main, comme dans un élan
d'affection irrésistible :

— Nous devriors nous voir moins souvent.
Il y a quelque temps déjà que je voulais te le
dire. Dans l'intérêt de notre amour il serait
préférable que tu fasses un voyage sans moi,
un voyage assez long. Tu sais quel plaisir nous
avons à nous retrouver quand nous nous
sommes quittés pendant deux ou trois jours
seulement. Eh bien ! songe à ce que serait ce
plaisir au bout d'un mois. Il vaut la peine, rien

que pour l'éprouver, que nous nous quittions.

Elle me regardait attentivement pour voir l'effet que produisait sur moi un raisonnement aussi logique.

Nous étions en voiture, au Bois de Boulogne, et le soir tombait. Le dos du cocher était prodigieux ; le taximètre annonçait de temps en temps par un petit bruit sec le prix de la promenade.

Je compris sur-le-champ que ces paroles marquaient une ère nouvelle, qu'il s'était produit dans l'esprit de ma maîtresse un déclanchement analogue à celui du taximètre. Et de même qu'après 2 fr. 20 le chiffre qui doit apparaître n'est jamais 2 fr. 10, il était certain qu'après ce qu'elle avait dit, ma maîtresse ne souhaiterait pas ne plus me quitter.

Des mots de protestation se pressaient sur mes lèvres. J'avais envie de lui répondre que moi je n'aspirais qu'à vivre toujours auprès d'elle et que ses gestes, la couleur de sa peau, sa conversation étaient tout mon bonheur.

Mais je me tus ; le paysage se revêtit autour de moi d'une grande importance. Un passant s'arrêta et nous regarda longuement comme s'il avait compris le caractère décisif de notre entretien.

Je déclarai, sur un ton que j'essayai de rendre enjoué, qu'en effet une séparation d'un mois ou un mois et demi serait excellente pour notre amour et je la comparai même, afin de donner un caractère plaisant à ma pensée, à un vin tonique qui reconstituerait les forces de cet amour.

L'œil d'Henriette L... était devenu plus brillant à un mot que j'avais dit pour lui tendre un piège et que je regrettai amèrement d'avoir prononcé.

— Un mois et demi! tu as raison, il faut que nous nous séparions au moins un mois et demi!

Je lui demandai où elle comptait aller, mais je sentis que l'accent de ma voix était altéré.

Il m'était indifférent, puisque je ne serais pas avec elle, qu'elle aille en n'importe quel endroit de la vaste terre. La Suisse avec ses lacs et ses montagnes peintes, les Pyrénées et leurs gorges espagnoles, les rivages de Normandie et de Bretagne étaient d'agréables séjours où j'aurais volontiers songé qu'était mon amie. Il n'y avait qu'un petit point au bord de la mer, une plage entre toutes les plages où je souhaitais avec toutes les forces de mon âme qu'elle ne se rendît pas. Ce petit point était Royan; je savais que monsieur X... dont j'étais jaloux y passait son été. Or c'était justement cet unique petit point de la terre qu'elle avait choisi.

Je ne parlais plus à cause de la trahison de ma voix.

Nous passâmes auprès d'un pavillon, en face d'une croix de pierre où nous étions venus dans les premiers soirs de notre amour et où nous nous étions embrassés, dans la demi-obscurité, avec l'anxiété charmante que d'autres consommateurs pourraient nous apercevoir. Nous vîmes de loin le lac et ses cygnes; nous ne leur avions jamais jeté de mies de pain, ma maîtresse et moi; mais je pensai que nous aurions pu le faire et je m'attendris en les voyant.

Henriette L... disait des choses telles que ceci :

— Dans un mois et demi ou deux mois, lorsque nous nous retrouverons, tu aimeras

peut-être une autre femme. Tu es si léger !
Deux mois c'est beaucoup pour un homme... Je
ne t'écrirai pas trop souvent, je t'écrirai même
rarement parce que je veux t'éprouver et savoir
quelle confiance tu as en moi. Qu'est-ce que tu
dirais si tu restais plusieurs mois sans lettres ?

La voiture était sortie du Bois ; l'Arc de
triomphe était près de nous, mais je n'avais
pour horizon que le dos du cocher qui me semblait à mesure que nous avancions plus considérable et plus pesant, comme la fatalité de
l'amour.

Enfin le cheval s'arrêta, le dos se déplaça ;
nous étions debout, silencieux, devant la porte.
Je pensais à une bergère de son appartement
où elle avait coutume de s'asseoir, à une robe
de tussor qu'elle mettait le matin, à ses livres,
à son piano, à tout ce qui était elle, à tout ce
que j'avais perdu.

Et quand elle m'eut tendu sa petite main, je
me mis à marcher vite, très vite, comme si
pour me rendre à l'endroit où j'allais je n'avais
pas eu désormais toute la vie.

LE PLUS GRAND ENNEMI

Quand on a triomphé d'une femme, de sa vanité, de sa jalousie, de sa dissimulation, et qu'on croit avoir saisi le bonheur, il faut triompher de soi-même.

Le plus grand ennemi est caché dans notre cœur. « Chacun tue ce qu'il aime... (1) » Aucune parole plus belle n'a été dite sur l'amour.

Nous sommes comme les coureurs qui vont vers le but, les bras tendus, et qui mourraient

(1) Oscar Wilde.

pour l'atteindre. Lorsqu'ils sont arrivés, ils s'assoient dans la poussière et ils regardent avec mélancolie le chemin parcouru.

La femme tendre est trop tendre : ses bras autour de notre cou, ses paroles d'amour toujours semblables répandent une fadeur sur notre vie ; la femme voluptueuse nous fatigue ; nous lui reprochons en secret la grossièreté de son instinct et nous nous disons qu'elle ne nous aime que pour la satisfaction de ses sens. La femme très belle n'est pas assez belle et une petite imperfection de son corps nous gâte tout le plaisir de sa beauté.

Nous sommes avides de destruction. Nous tenons un vase précieux et le frappons pour éprouver sa solidité jusqu'à ce qu'il soit brisé.

Avant qu'elle nous appartienne, un sourire de la bien-aimée, une pression de main comblait tous nos vœux. Parce qu'elle s'est donnée à nous, nous devenons tyranniques, nous épions ses démarches, nous nous croyons le droit de fouiller son passé, d'exiger des aveux humiliants, de la tourmenter et de l'offenser.

Au lieu de cette délicieuse entente qui règne

dans les premiers temps de l'amour et qui fait par une bienveillante et occulte concession qu'on a la même opinion sur les livres, qu'on se moque des mêmes personnes, on crée un état de colère et de discussion.

On se persuade qu'on doit être jaloux des moindres choses, on interprète des regards, on se jette sur des lettres, ou on les exige par des paroles violentes.

Généreux avec les autres, nous sommes égoïstes avec notre maîtresse. Nous prodiguons notre gaîté à nos amis et n'avons pour elle qu'un accueil glacial, un visage préoccupé. Nous prenons l'habitude de ne plus lui faire part que de nos soucis et nous nous affligeons qu'elle nous entretienne des siens.

La mauvaise humeur amène la mauvaise humeur, une scène amène une scène.

Or, une scène est comme un acide rongeur de l'amour ; elle entraîne une usure définitive que rien ne pourra réparer.

L'amour est un arbre qui ne donne qu'une fois son feuillage et ses fleurs. Si on cueille les fleurs, si on émonde les branches, il ne restera qu'un tronc desséché qu'aucun printemps ne verdira plus.

Mais une force inexplicable nous pousse à frapper ce que nous chérissons. A peine avons-nous juré un amour éternel que nous voulons nous prouver à nous-même notre mensonge et notre folie. Par une incompréhensible contra-diction nous tournons en dérision ce que nous avons loué. Nous détruisons l'édifice du bonheur et même quand nous pleurons de le voir détruit, nous travaillons encore à en achever la destruction.

LE DÉSIR

On n'a jamais les femmes.

Nous avons beau les serrer de toutes nos forces sur notre poitrine, elles nous échappent. On dirait qu'elles sont faites d'une substance légère qui n'est pas susceptible d'être possédée.

Dans la maison d'amour que nous avons bâtie et que nous estimons bien fermée, il y a toujours des portes dérobées par où les femmes sortent pour aller voir sans nous le soleil et les hommes.

Elles gardent toujours des relations, des

amitiés que nous ignorons. Elles font des confidences — et quelles confidences intimes ! — avec plus d'ardeur et de sincérité, à leur amie, à leur bonne, à leur concierge, à un monsieur inconnu rencontré par hasard en chemin de fer, qu'à l'amant qui les aime.

Elles sont tourmentées par le génie inexplicable de la trahison. Elles aspirent parfois à livrer un secret aussi fortement qu'elles aspirent à d'autres moments au sacrifice.

On n'est jamais le premier amant d'une femme ; à quelque âge qu'on la prenne, il y a toujours une caresse qui a précédé votre caresse ne serait-ce qu'un baiser d'enfant.

Et quel insensé pourrait penser qu'il est le dernier amant ? C'est une trop célèbre illusion que celle qui consiste à croire l'amour éternel.

Un jour, le monde s'est mis à tourner autour de tel numéro de telle rue. Une ordinaire maison rangée entre les autres est devenue sublime de poésie à cause de l'ovale d'un visage qui pouvait apparaître merveilleusement à la fenêtre du premier au-dessus de l'entresol et sourire.

Tout ce qui entourait cet étonnant édifice a été transformé. L'omnibus qui passait au coin de la rue avait les allures d'un char de conte de fée et quand on arrivait sur son impériale, on commandait à l'univers. Le bureau de tabac lui-même avait un je ne sais quoi d'exceptionnel, de distingué, de rare; c'était le plus beau de tous les bureaux de tabac de Paris. Elle y prenait ses timbres.

On est venu là, avec le cœur battant; on en est sorti triste ou joyeux. On a donné à d'absurdes paroles une importance infinie, on a écrit des lettres, on a attendu à des rendez-vous, on a cessé de lire, d'aller à la campagne voir les amis qui vous invitaient, on n'a plus donné de nouvelles à ses parents, on a aimé, on a souffert.

Puis la bien-aimée a cessé de vous aimer. Alors l'inutilité des choses de la vie est apparue avec une netteté parfaite. On s'est dit que les nominations à des postes importants, les succès artistiques, l'argent gagné n'avaient plus aucun intérêt, puisque le but n'existait plus, qu'il n'y avait plus de bonne nouvelle, puisque les yeux charmants ne s'éclaireraient pas en l'apprenant. On a juré à ses amis que désormais on ne s'intéressait plus à rien ; on a pris dans les cafés des poses nobles et tristes, on a souhaité d'être pâle, et même, comme on bravait la mort, on a traversé la rue sans se presser, malgré l'automobile qui arrivait au loin à toute vitesse.

On ignorait que plus on aime, plus on a envie d'aimer, et que le désir se renouvelle perpétuellement en nous comme l'eau de la mer se renouvelle sur la plage avec la marée.

O désir, c'est toi qui effaces peu à peu le visage adoré qui veille encore dans le souvenir ; c'est toi qui fais penser, au théâtre ou dans la rue, combien est enviable le talent du magnétiseur s'il permet de faire défaillir une femme d'un seul regard ; c'est à cause de toi qu'on descend dans le métropolitain à des stations inconnues pour suivre une femme charmante qui disparaît dans un couloir juste à l'instant où l'on allait lui parler et vous laisse, perdu et désemparé, dans un quartier très éloigné. Par toi, les hommes les plus vulgaires affectent des allures mondaines, et les mains rouges se revêtent de gants blancs. Tu donnes aux gens élégants un air compassé : tu as empesé leur col, verni leurs bottines, arrangé leurs cravates. O désir, quand tu troubles notre sang, tu fais trouver jolies des femmes médiocres; c'est pour t'obéir qu'on fait des visites, qu'on boit des sirops dans les soirées de famille, qu'on se livre à l'exercice de la danse, qu'on joue au tennis. Ta puissance est telle que les femmes les plus honnêtes font tes commissions amoureuses, favorisent tes unions les plus illégitimes, par un goût naturel de s'entremettre. O désir, tu es le geste du salut, la flamme fixe des regards, l'audace des mains, tu es dans le bruissement du thé qui coule à cinq heures, dans le balancement des robes et tu guides, sous la table, pendant le repas, les genoux humains, les uns vers les autres; tu permets à l'amant, quand il regarde sa maîtresse, de ne pas voir que le sein tombe légèrement, de ne point prêter d'attention à la plaisante mobilité de ses doigts de pied; tu fais croire aux larmes, aux soupirs simulés, tu endors, tu enivres, tu charmes, tu répands l'il-

lusion, tu donnes le goût de la réalité et
l'homme pieux qui respecte ce qu'il aime, ne
doit pas négliger de dire chaque matin : « Amour,
donne-moi aujourd'hui mon désir quotidien... »

Conseils à un jeune homme pauvre

qui vient faire de la littérature à Paris

DE L'HOTEL GARNI

O jeune homme qui viens faire de la littérature à Paris, qui as peu d'argent et pour la première fois apparais à la gare d'Orsay, arrête. Il est temps encore. Tu pourrais, ayant contemplé les quais mélancoliques, le Louvre bas, reprendre un train qui te remporterait vers la ville d'où tu viens. Tu gagnerais ainsi, peut-être, dix années de ta vie.

Mais non ! Tu te diriges allègrement vers le quartier latin, à pied, car une légende provinciale représente les cochers de fiacres, pauvres

esclaves errants, comme des personnages inju-
rieux et redoutables.

Le choix d'un logis est une chose grave. Il
faut payer d'avance le propriétaire de l'hôtel
garni et tu seras condamné à rester un mois
entier dans une chambre misérable, si tu cèdes
à ta timidité et si tu acceptes la première venue,
à cause de l'œil narquois du garçon qui te la
fait visiter.

Veille à ce que le numéro de cette chambre
ne soit pas marqué sur la porte par un chiffre
énorme. Tu entendras assez souvent dans l'hôtel
des phrases telles que celles-ci :

« Les lettres du huit!... Le huit a sonné!...
Une visite pour le huit! »

Tu souffriras de sentir ton nom dédaigné et
tu ne peux te douter combien il te serait amer
de voir, à minuit, à la lueur de ta bougie qui
vacille, se dresser encore ce numéro fatidique
comme le symbole de ton existence, désormais
anonyme, dans la grande ville.

Veille encore à ce que cette chambre renferme une cheminée. Cela n'est point négligeable. Tes écrits se ressentiraient de cette ab-

sence. Ils seraient chétifs et grelottants, car il
y a de grands vides sous les portes, et les fenêtres laissent passer l'air abondamment.

N'examine pas les meubles. Ils sont laids et
dégagent une odeur indéfinissable de vieilleries.
Accoutume-toi à leur médiocrité. Seule la table
mérite quelque intérêt. Si tu en soulèves le
tapis, peut-être y trouveras-tu une curieuse ins-
cription, attestant le passage d'un autre jeune
homme semblable à toi.

N'aie pas honte de la pauvreté de ton hôtel.
Affecte au contraire d'en tirer vanité. Si quelque
ami t'accompagne par la suite jusqu'à ta porte,
raconte des anecdotes pittoresques sur ces vieux
murs dont ton imagination te fournira les
thèmes variés; parle des personnages illustres
qui les ont habités. Ainsi tu seras aisément
comparé à un héros de Balzac et même celui
qui a un riche appartement enviera peut-être
la fantaisie de ta vie.

Crains cette grosse dame trop aimable et trop
familière, cette gérante curieuse et bavarde.
Elle te tend chaque soir ta bougie avec quelques paroles de bienveillance. Hâte-toi par un

sourire complaisant de flatter la bonne tenue de sa maison, loue son esprit et même sa beauté, si elle y prétend encore.

Car cette grosse dame jouit d'un pouvoir terrible et discrétionnaire. Elle peut te faire crédit des vingt francs que tu lui donnes tous les quinze jours pour la chambre où tu vis; elle peut au contraire empoisonner ton existence en te les réclamant âprement, elle peut t'obliger à t'enfuir de chez toi, le matin, avant qu'elle ne soit levée, pour ne rentrer que dans la nuit, quand elle dort.

Crains-la aussi parce que, sous le prétexte de faire ta chambre, elle compte ton linge, lit tes lettres, connaît ton existence aussi bien que toi.

Et pourtant, souviens-toi aussi que lorsque le grand poète Oscar Wilde mourut dans un misérable hôtel de la rue des Beaux-Arts, un seul homme l'avait veillé à sa dernière heure, un seul homme suivit son enterrement et cet homme, c'était son propriétaire.

Sur le cercueil de l'auteur de *De Profundis* il n'y avait qu'une couronne et sur cette couronne était écrit : « A mon locataire! »

Qu'il soit beaucoup pardonné à la race persécutrice, avide du prix des chambres, en souvenir de celui qui apporta, au grand homme abandonné de tous, le présent d'une suprème amitié.

LA QUESTION D'ARGENT

L'argent ! Tel est le problème quotidien et inexorable qui se posera d'abord à toi.

Tu t'apercevras vite qu'à Paris, plus qu'ailleurs, les hommes sont divisés en deux catégories : ceux qui ont de l'argent et ceux qui n'en ont pas.

Dans l'œil de ton interlocuteur, tu liras cette question : « Comment vivez-vous ? De quelle somme disposez-vous par mois ? »

L'argent est en apparence bien caché dans la poche du gilet, dans le portefeuille. Et pourtant on le voit. La qualité de la cravate, la finesse du parapluie, la forme du chapeau parlent de lui, disent qu'il est là avec sa grande puissance. Mais si ta main porte un gant troué, cache-la bien dans ta poche. Par le petit trou du gant s'enfuirait toute l'illusion de la richesse.

L'homme riche se reconnaît aussi à l'assurance. Il ose s'impatienter bruyamment dans les restaurants si on ne le sert pas assez vite. Il ose entrer dans un magasin, examiner mille objets et s'en aller sans en avoir acheté un seul, tandis que l'homme pauvre au contraire préfère prendre et payer un livre dont il n'a pas besoin, un chapeau qui ne lui va pas, plutôt que d'être jugé pauvre par l'œil sévère du marchand. L'homme riche ose donner un pourboire de deux sous à un cocher, en prétextant qu'il n'a justement pas de monnaie pour lui donner davantage, insoucieux de l'injure et du mépris du cocher, parce qu'il est riche.

Quand tu comparaîtras devant un concierge, un jour de pluie, la boue de tes souliers ne sera considérée comme un danger pour l'escalier que si tu as l'air timide et minable. La boue du riche ne tache pas. Dans le métropolitain,

quand tu monteras en première avec un billet
de seconde, l'employé, pour te réclamer dix
centimes, sera insolent si tu sembles pauvre,
obséquieux si ton aspect est élégant. Le riche
est censé ne jamais duper.

Il faut donc que tu paraisses avoir de l'argent, de même que, si l'on veut conserver un
ami, il faut paraître heureux, simuler la joie.

Pour cela, utilise ton argent avec sagesse,
bien plus pour le superflu que pour le nécessaire.

Ce n'est pas pour tes plaisirs que tu auras
besoin d'argent. Après t'être étonné de la difficulté que l'on a à se procurer le moindre billet
de théâtre et après avoir admiré en secret ces
innombrables gens qui disent « avoir leurs
entrées partout », tu verras vite qu'en somme
à Paris les plaisirs sont gratuits pour un jeune
homme intelligent, parce qu'au lieu d'être la
satisfaction de désirs immédiats ils sont faits du
sentiment que l'individu progresse et s'agrandit.

Les omnibus, le métropolitain, les consommations que tu prendras à côté des grands
poètes des cafés constitueront presque toutes tes

dépenses. Les modestes ressources dont tu disposes disparaîtront bien vite par la lente usure des petites sommes. N'hésite pas à manger mal dans des endroits obscurs et parmi des humbles, car les œufs et les légumes sont bons partout et ce superflu qu'est un fiacre, si tu te l'offres à propos, peut avoir une portée infinie sur l'ensemble de ta vie.

Arrange-toi pour que tu n'aies pas sensiblement moins d'argent à la fin du mois qu'au commencement. Sans doute un de tes amis, étudiant ou écrivain, se flattera de manger en trois jours la pension de sa famille. C'est un prestige très grand qui tient à la fois de la splendeur des orgies et de l'attrait de la générosité. Ne t'y laisse pas prendre. Cet ami a certainement un oncle très riche auquel il peut écrire, ou bien il ment : il n'a reçu aucune pension et il n'a, par conséquent, aucune peine à ne pas avoir d'argent.

Tu serais forcé de porter ta montre au mont-de-piété et l'on ne peut se passer d'une montre à cause de l'exactitude aux rendez-vous qui est indispensable. De plus tu négligerais de la retirer et ainsi tu serais volé, n'ayant eu que le quart de sa valeur.

À la dernière extrémité, vends plutôt les livres que tu possèdes. Mais s'ils t'ont été offerts par quelque grand homme désireux de popularité parmi la jeunesse, gratte avec soin et habileté la dédicace.

Au café, ne permets jamais à un plus pauvre que toi de payer les consommations. Mais, si tu peux, laisse ce soin à plus riche.

Aie toujours sur toi un sou neuf et même fais-le reluire chaque matin avant de sortir. Car avec ce sou neuf que tu tireras tardivement de ta poche, tu peux faire le geste de payer en laissant croire à la présence d'un louis.

Tu n'es pas l'obligé de celui qui t'invite à déjeuner. Le sentiment de sa générosité, le plaisir de ta conversation ont largement dédommagé ton hôte des quelques francs qu'il a dépensés pour toi. Évite ce mouvement spontané qui te poussera à louer le choix et l'abondance inusitée des mets. Il te sera ainsi épargné un fin sourire sur le visage de ton interlocuteur.

Sache-le bien. Il n'y a pas de question d'argent pour qui méprise l'argent. Si tu as un ami millionnaire, ne sois pas, vis-à-vis de lui, arrogant comme certains orgueilleux, flatteur comme un parasite. Sois son égal, exactement comme si la formidable différence de la richesse n'existait pas.

IMPORTANCE DES HABITS

Il ne faut jamais vendre ses habits.

Dine plutôt seul dans ta chambre, d'un morceau de pain et d'un peu de charcuterie sur un
journal, — ce qui est le comble de l'horreur,
— adresse-toi plutôt, si tu as trop besoin d'argent, à un gérant de café, en simulant pour
cette occasion une personnalité joviale et familière, mais ne vends jamais tes habits.

Ce sont eux qui te donnent ton assurance et
ta fierté, qui te permettent de regarder le soir, à
la lueur des becs de gaz, marcher à côté de toi
ton ombre, une ombre honorable et connue

dont tu admires l'aisance et qui, elle, n'a pas l'air de ne pas avoir d'argent. Tu sais bien quelle triste allure ont les vieux complets qu'on a trop mis, dont les coudes luisent et où il y a des taches imparfaitement nettoyées. On est humble sous un costume humble. On est un jeune homme instruit, plein d'avenir, dans un complet neuf.

On est aussi un jeune homme distingué et élégant, ce qui est très important pour l'amour, pour les merveilleuses possibilités de la rue.

Les conducteurs d'omnibus, les domestiques, les garçons de café sont tous sensibles au costume. Tu devras mille petites faveurs de la vie à ton apparence extérieure.

Un de mes amis vécut plus d'un an à Paris avec cinquante francs par mois. Il habitait une mansarde dont le plafond était moins haut que sa taille; il n'avait pas de meubles et il couchait sur des journaux froissés. Il dut sa force de résistance et son salut à une cape espagnole. Que lui importaient en effet les privations, le froid, la misère! Il avait le sentiment d'être le jeune homme le plus beau et le plus romantique du monde.

LES MAITRESSES

Tu t'émerveilleras de la grande quantité de
femmes que renferme Paris. Les coupés qui
glissent vers le Bois de Boulogne, le frémissement des dessoux luxueux, les visages ennuyés
des grandes courtisanes, t'impressionneront
profondément.

Renonce d'abord à une illusion trop répandue.
Tu n'auras pour maîtresse ni une femme du
monde, ni une actrice célèbre. Ne demande pas
pourquoi. Considère cela comme une vérité supérieure qu'il ne faut pas discuter.

Il est vain d'importuner Liane de Pougy ou

la belle Otero de lettres élégiaques. Sache bien
que les lettres d'amour, quelle que soit leur
beauté, n'ont aucune espèce d'influence sur cet
ordre de femme. Seules, des actions inattendues
et audacieuses pourraient te servir. Mais tu as
encore trop de timidité provinciale en toi pour
en être capable.

Tu connaîtras, dans des concerts, des jeunes
filles qui sortent du Conservatoire, qui sont à
l'Odéon et tu feras même dire des vers par l'une
d'elles. Mais ne lui écris pas des lettres d'amour,
surtout ne l'aime pas. Tu ne seras jamais qu'un
étranger pour cette personne qui, vivant dans
la compagnie de héros littéraires nourris d'un
idéal sublime, n'a pas gardé pour elle-même la
moindre parcelle d'un idéal quelconque.

Elle ne saurait aimer qu'un maître dans son
art, un de ces hommes rasés et simples qui ont
vingt ans de théâtre derrière eux et assez d'autorité pour la tutoyer, la première fois qu'ils la
voient.

Tu auras donc les femmes des cafés, les modèles de tes camarades peintres, peut-être une
couturière dont tu feras connaissance au res-

taurant, les maîtresses de tes amis. Mais les
femmes des cafés sont vénales, et quand elles
sont désintéressées, toute l'ambition de leur
génie consiste à boire une quantité illimitée de
boissons américaines jusqu'à une heure très
tardive. Les modèles sont mal faits et épris des
seuls peintres. Un abîme d'ennui te séparera de
la couturière; les maîtresses de tes amis seront
toutes laides.

Résigne-toi donc à vivre sans maîtresse, pro-
fitant seulement de l'aventure amenée par
le hasard. Regarde les portes qui s'ouvrent
quand tu montes l'escalier, les fenêtres qui sont
en face des tiennes, la boutique derrière les
vitres de laquelle rêve peut-être un visage
charmant. En choisissant ta chambre, tu as dé-
cidé de ta vie sentimentale, car pour une femme
ordinaire le prestige d'être un voisin est plus
grand que celui d'être beau et illustre. Souviens-
toi, du reste, que ceux qui passent leur temps
à chercher des femmes n'en ont guère plus que
ceux qui ne s'en occupent pas.

Prends souvent le métropolitain. Ce lieu est
favorable à des rencontres fortuites. Est-ce le

sentiment de la vitesse, l'air irrespirable, la chaleur, la proximité des corps? il n'importe ! Mais le regard des femmes est plus bienveillant qu'ailleurs, les moyens d'entrer en conversation sont plus aisés.

Évite les grands magasins : on y fait des achats. Ne crains pas d'offrir le thé et les gâteaux : tu seras un homme distingué.

Si tu invites à diner, parle de suite d'un curieux petit restaurant où il y a des peintres et où la cuisine est exceptionnelle. Tu peux alors aller chez n'importe quel modeste marchand de vins dont les prix sont en rapport avec tes ressources. Il te suffira de demander en entrant si M. Villette n'est pas venu ce soir, pour parer cet endroit, aux yeux de ta compagne, de tout le charme de la vie des artistes.

Ces sortes de liaison commencent dans les fiacres. Elles sont éphémères comme une course à deux francs l'heure.

Il vaut mieux. La vie à deux sans argent est un abîme de tristesse, même quand on aime. Sacrifie l'amour dès l'origine. Il te paralyserait, limiterait ton action et tu le verrais mourir tout

de même, à cause des draps qu'on ne change pas
assez souvent, de l'odeur de la cuisine qu'on
fait chez soi, du repas pris parmi tes livres, à
cause de cette rancune qu'engendre la pauvreté
à deux.

Reste seul, travaille davantage, applique-toi
à conquérir les hommes, ce qui est bien plus
important que de conquérir les femmes.

Et dis-toi qu'il y a, avec une immense mélancolie, quelque douceur pourtant, dans le souvenir d'une main qui t'a échappé sans t'avoir
donné toute sa chaleur, dans le souvenir d'un
beau et cher visage disparu...

MANIÈRE DE SE CONDUIRE AVEC
LES HOMMES INFLUENTS

Étant sans maîtresse attitrée, tes jours seront libres. Le plus grand danger qui te guettera est celui des cafés où il fait chaud, l'hiver, où il y a des amis joyeux qui causent et boivent. N'y demeure qu'autant que cela sera nécessaire à resserrer des liens précieux d'amitié. Va dans la vie, n'importe où, au hasard, il y a une récolte dans chaque milieu.

Tu verras des êtres divers ; des antipathies et des sympathies naîtront autour de toi. Tu feras un choix et ta personnalité trouvera son chemin comme une rivière creuse son lit dans une montagne qu'elle descend.

Ne va pas juger si un homme est important d'après son costume. A une certaine hauteur l'artifice du vêtement est inutile. L'homme important sait bien que sa puissance se dégage naturellement autour de lui comme une atmosphère. Tu seras même bien étonné un jour, si tu vas aux courses, quand on te désignera un homme très modestement vêtu et qu'on te dira : C'est un Rothschild.

Du reste l'estime d'un honorable pauvre est plus précieuse quelquefois que l'amitié d'un ministre.

Mais songe que tes plus grands ennemis sont en toi. Ils sont cet afflux de sang à tes joues, cette paralysie déplorable qui te fera bégayer, te donnera une apparence humble et modeste, quand tu seras en présence du directeur du *Figaro*, ou de celui de l'Odéon. Tu serais jugé d'un coup d'œil, classé pour la vie, et sans que ce jugement soit susceptible d'appel, dans la catégorie des personnages de troisième plan, qu'on fait attendre, qu'on reçoit debout, auxquels on n'accorde que quelques minutes, qu'on ne croira jamais susceptibles de grandes choses.

Résiste à cette voix qui te pousse à dire tout de suite à l'homme influent que tu vas solliciter :

— Mais oui, ma demande est exagérée et absurde. Il est légitime que vous la repoussiez. Excusez-moi de vous avoir dérangé.

Ne tombe pas dans un excès contraire d'audace simulée; ne te flatte pas d'une influence illusoire sur tes camarades, ou d'une ambition démesurée que tu n'as pas : ce serait plus fàcheux encore; tu serais considéré comme un de ces dangereux arrivistes dont il faut refréner l'ardeur, dont on peut tout craindre.

Ne sois pas trop aimable; ne sois pas timide, là est l'essentiel. Songe que toutes les fois que tu seras en présence d'un homme dont dépendra ta destinée, auquel tu viendras demander quelque chose, un combat obscur se livrera. Tu seras comme un guerrier désarmé qui attaque seul une immense ville fortifiée. Pour ne pas mourir, ne perds jamais de vue la conscience favorable que tu as de toi-même.

LE PRESTIGE DU MONDE

Tu seras invité certainement à quelque soirée,
chose très honorifique dans ta situation. Cela te
permettra d'écrire à tes parents : « Je vais
beaucoup dans le monde, ces temps-ci. » Et la
vision qu'ils auront aussitôt de toi, récitant des
vers devant une cheminée, sous les lustres,
parmi les acclamations de femmes couvertes de
bijoux, sera douce à ces cœurs simples.

Il se peut, il est vraisemblable que tu aies un
habit. Si tu n'en possédais pas cependant, sache
qu'il est, rue Saint-André-des-Arts, une bou-

tique modeste où tu pourras en faire achat, moyennant une somme dérisoire. Là, une foule d'habits reposent, couchés les uns sur les autres. Certainement il en sera un à ta taille. Tu l'essaieras dans la boutique même. Veille pendant cette minute à ce qu'on ne t'aperçoive pas de la rue. Mais ce serait un bien grand hasard si mademoiselle Sorel ou la comtesse de Noailles passaient justement par là et regardaient à travers les carreaux.

Tu entreras dans le monde, ivre de fierté et tremblant de peur. Tu t'émerveilleras d'abord que tout aille si bien, que tu puisses saluer avec autant d'élégance, être présenté à des gens importants, prononcer des paroles suffisantes, serrer la main à droite et à gauche. Le sourire de la maîtresse de maison aura eu l'air de te marquer une estime particulière. La médiocrité incroyable des propos que tu entendras te rassurera peu à peu, te rendra l'estime de toi-même perdue dans la détresse du début.

Alors, tu verras, dans un coin, un homme semblable à toi, mais plus modeste, plus timide, plus épouvanté, avec un habit frère du tien. Son œil triste, son attitude gênée, quelques mots prononcés à voix basse sur l'extrême chaleur, mendieront une parole de toi. Tu pourrais lui donner ce que tu cherches toi-même, un appui, le sentiment qu'il n'est pas absolument seul. Mais non! dans ta folie orgueilleuse, tu le mépriseras, tu pactiseras avec les hommes élégants, au nœud de cravate impeccable, avec la foule des ennemis.

Plein de ta confiance en toi retrouvée, tu feras quelque démarche hardie, tu traverseras le salon, tu apercevras ta silhouette dans une glace et tu n'en seras pas mécontent.

Cela durera jusqu'à la minute où tu auras regardé trop attentivement une jeune fille, une jeune fille dont le costume compliqué, les cheveux fins, la grâce délicate résumeront pour toi tous les charmes du monde parisien. Tu verras son regard froid et attentif, plein de curiosité, longuement fixé sur tes pieds. Ce regard sera sans mépris, sans ironie même, ce sera un regard qui constate, qui enregistre. Il enregistrera la forme surannée de tes bottines, la chute maladroite de ton pantalon.

Pour la première fois de ta vie tu penseras à tes pieds et à leur grande importance.

Avec une moue imperceptible, le visage charmant se sera détourné pour jamais. Tu regarderas autour de toi et tu t'apercevras que toutes les bottines voisines sont vernies et semblent neuves, tandis que les tiennes sont seulement cirées avec soin et déformées par des marches anciennes.

Un horrible génie de comparaison naîtra tout d'un coup dans ton âme. Tu auras honte de tes cheveux trop longs, de ton col trop large, de ton gilet trop étroit. Ton pantalon te sera odieux parce qu'il n'aura pas de pli. Tu haïras ta mère ou ta sœur parce qu'elle t'aura donné tes boutons de manchettes. Ton habit se sera soudain fané sur ton dos ; une tache que tu n'avais pas vue, se mettra à briller comme un phare. Le parfum de la benzine s'élèvera de tes gants nettoyés.

Tu chercheras en vain celui que tu avais reconnu comme un homme de ta race, pour t'affliger avec lui de la stupidité immense des gens du monde. Trop tard ! il aura déjà fui.

Crois-moi. Gagne alors le buffet. Ces petits avantages que sont le vin et les gâteaux t'y attendent. L'être grossier qui est en toi pourra se dire que la soirée n'a pas été absolument perdue si le champagne était bon. C'est une curieuse illusion qui te fait croire que le maître d'hôtel te suit de l'œil et compte ce que tu prends. Cet homme solennel est sans ironie, et pourquoi serait-il avare de richesses dont il dispose, mais qui ne sont pas les siennes ?

Il sera deux ou trois heures du matin quand tu sortiras. Les voitures, la nuit, coûtent un prix exorbitant. Tu rentreras tristement à pied. Mais, à mesure que tu t'éloigneras, tu t'apercevras que ton pas résonne avec autorité dans la rue vide, ton habit retrouvera son prestige perdu, tu entr'ouvriras même ton pardessus pour qu'un passant l'aperçoive et ait une haute idée de cette élégance.

La fatigue, le champagne et ta jeune imagination te donneront le sentiment d'une vie mondaine de plaisirs. Et malgré tes déboires, quand tu arriveras à ta porte, tu sonneras avec un certain orgueil et la négligence du noceur blasé.

22.

POSSIBILITÉ DE FAIRE FORTUNE
PAR LE JEU

Les déceptions du monde inclineront ton
esprit à des réflexions amères. Vers cette
époque, longeant le fleuve d'or, de billets de
théâtre et d'amour qui coule entre la Madeleine
et la Porte Saint-Martin, tu rencontreras un
ami peu connu de toi, qui te tutoiera et t'offrira
de te protéger. Tu lui raconteras tes ennuis et
il rira, te tapera sur l'épaule en t'affirmant qu'il
peut te faire gagner beaucoup d'argent. Il te
conduira dans des cercles. En ne jouant que
sur certains coups sûrs, l'homme patient et qui

a de la volonté gagne sans aucun risque, te dira-t-il.

Tu glisseras, plein d'anxiété sur son sort, une pièce de cinq francs sur un de ces coups. Un hasard très rare voudra justement que tu perdes malgré toutes ses prévisions. Une somme plus importante, confiée à ton nouvel ami partant pour les courses, disparaîtra de la même manière, contrairement au calcul et à la raison.

Cela vaut mieux. Seuls, peuvent vivre du jeu, des personnages passagers, sans autre but précis que celui d'avoir de l'argent, sans foi en eux-mêmes. Tu n'es pas de ceux-là. Ne regrette ni l'illusion du luxe que donne le cercle, ni le diner qui ne coûte rien, mais qu'il faut payer de conversations avec des vieillards, épaves de tous les mondes, que l'on ne trouve que là.

Renonce au salon solennel où il y a tous les journaux illustrés, à l'orgueil d'être connu par des domestiques en uniforme.

Les cartes à jouer ont un double visage. Pour avoir tes quelques sous, elles te tendent des billets de banque. Ne te laisse pas prendre à cett e ruse grossière.

LES PETITES ANNONCES :

EMPRUNTS, BEAUX MARIAGES,
MAÎTRESSES DÉSINTÉRESSÉES

En lisant le journal, un samedi, tu décou-
vriras que la vie est riche et qu'elle s'offre à toi
dans son infinie variété.

Petites annonces du journal, vous êtes le pa-
radis des espérances ! Après t'être émerveillé
de l'extraordinaire prospérité du commerce des
vieux dentiers, tu liras avec allégresse l'offre
d'un monsieur qui offre à n'importe qui de
prêter n'importe quelle somme d'argent.

Paris est plein de philanthropes qui ne demandent pas mieux que de favoriser de jeunes écrivains comme moi, te diras-tu. Le tout est d'être en relation avec eux; le journal est pour cela un commode intermédiaire.

Ce philanthrope habite très loin, dans un faubourg. Sa maison est une misérable maison ouvrière. C'est sa femme qui vient ouvrir la porte et elle regarde anxieusement celui qui arrive comme si on venait l'arrêter. Le philanthrope est derrière un petit bureau; il est mal vêtu et mal rasé ; il demande sévèrement au visiteur ce qu'il veut.

Tu crains de t'être trompé, tu balbuties, tu parles confusément d'un emprunt possible. Alors l'homme sourit; il a vu d'un coup d'œil que tu es honorable, il comprend que tu as de l'avenir; il demande de quelle somme tu as besoin. Tu dis un chiffre : cinq cents francs par exemple. Il rit aussitôt parce que c'est une toute petite somme très facile à prêter.

Tu le suis des yeux; l'argent est là dans un tiroir, il va te le donner tout de suite. Quel philanthrope !

Il te promet en effet de te le donner, mais dans trois jours seulement. Il a une absolue confiance en toi, mais les affaires sont les affaires. Il faut qu'il ait d'ici là une fiche de renseignements; c'est une simple formalité, l'usage de la maison. Les frais de cette fiche que donne une agence sont à la charge de l'emprunteur, bien entendu. Tu trouves cela trop légitime et tu lui donnes avec joie une somme qui varie entre trois et quinze francs. Vous vous quittez les meilleurs amis du monde et il doit t'écrire le surlendemain.

Tu n'en entends plus jamais parler.

Si tu en conçois quelque regret, console-toi en songeant que le philanthrope prêteur d'argent n'aurait peut-être pas dîné ce soir-là, ainsi que sa femme et ses enfants, sans l'argent de ta fiche. Et il ne t'a trompé en somme qu'à demi. Il a des renseignements sur toi; il sait désormais que tu es un homme honorable. Celui qui vous offre à dîner n'est-il pas toujours honorable?

Il y a aussi, dans les petites annonces, de beaux mariages et des maîtresses désintéres-

sées. Tu pourras te dire, qu'en effet, une foule
d'admirables jeunes filles sans relations, d'étran-
gères aux yeux langoureux, de femmes dési-
reuses de nouveauté mettent des annonces dans
le journal.

Cette distraction est inoffensive. Elle ne coûte
qu'une boite de papier à lettre élégant, des
timbres, des démarches à la poste restante. Tu
iras dans des kiosques d'omnibus, tenant à la
main soit un bouquet de fleurs, soit un numéro
du journal, comme signe de reconnaissance. Il
t'arrivera d'y trouver une femme ayant passé la
cinquantaine qui te fera fuir aussitôt. Il t'arrivera de te tromper, d'aller parler à des dames
qui attendent simplement l'omnibus et d'être
fort mal accueilli. Il t'arrivera d'être en butte à
la moquerie de plusieurs jeunes gens, auteurs
des lettres que tu as reçues et qui seront venus
guetter ta déconvenue.

Peut-être un jour, sur l'offre d'une dot de
plusieurs millions, iras-tu dans une agence
matrimoniale. Mais quand une personne âgée,
en te regardant bien en face, te demandera
combien tu gagnes par an, tu te troubleras, tu

diras qu'il ne s'agit pas de toi, que tu viens de
la part d'un de tes amis fort riche et tu t'en iras
en maudissant les petites annonces, ce marché
trompeur de l'espoir, à un franc soixante-
quinze la ligne.

FAUT-IL AVOIR UNE SITUATION?

Tu chercheras une situation et voilà le plus
grand danger qui te guette, ta vie ou ta mort,
selon ton étoile bonne ou mauvaise.

Sur les dix personnes auxquelles tu te seras
adressé, amis de ton père, députés de ton pays,
vieilles dames qui ont beaucoup de relations, il
y en aura neuf qui te promettront de faire des
démarches et de t'écrire bientôt et dont tu
n'entendras plus parler. Tu n'en seras qu'à
demi fâché, l'état de celui qui cherche une situation est agréable parce qu'il est au bord de
l'imprévu.

Mais la dixième personne, un homme bienveillant, oisif et protecteur, sera saisi pour toi
d'une mystérieuse activité, d'un inquiétant
désir de te voir casé. De quelle reconnaissance
ne devras-tu pas être chargé à l'égard de ce
terrible ami! Il fera des visites avec toi, écrira
des lettres élogieuses sur ton compte, et cela
sans raison, à cause de la sympathie personnel-
nelle que tu lui auras inspirée. Il t'annoncera
enfin qu'il a trouvé une situation sérieuse, un
poste sûr.

C'est alors qu'il te faudra un grand courage.

Ce poste sûr, tu dois le refuser, si quelque
espérance est en toi, si quelque vertu t'anime.
Mieux vaut déjeuner encore pour quelques
sous, être un sujet de colère pour ta repas-
seuse, courir dans la rue lorsqu'il fait trop
froid, ne plus revoir l'ami de ton père actif et
bon.

Tout jeune homme qui vient à Paris trouve
cette situation. C'est une machine quelconque
aux rouages inexorables, société industrielle,
grande maison d'édition, compagnie d'assu-
rances où il est jeté et broyé pour cent cin-

quante francs par mois avec la certitude d'en avoir deux cents dans dix ans.

N'accepte pas, meurs plutôt.

Surtout ne te dupe pas toi-même en acceptant à titre d'essai pour deux ou trois mois. La servitude dans laquelle tu tomberais, l'amitié de tes compagnons médiocres, les petits bonheurs du dimanche feraient rapidement de toi un lâche dont les désirs sont bornés. Tu perdrais l'habitude de l'effort véritable, qu'on accomplit pour soi-même, librement. Peut-être finirais-tu par croire que tes sept heures d'écriture constituent un louable travail. Tu serais invité dans de petits appartements par d'autres employés où des femmes laides mais laborieuses font le ménage, préparent le diner. Le charme de la pauvreté propre et honnête te saisirait. Tu te trouverais des prétextes pour attendre les cent cinquante francs du mois suivant. Il te faudrait plus de force pour vaincre l'espérance misérable de ces cent cinquante francs, qu'il ne t'en a fallu pour vaincre ta province coalisée et venir à Paris.

N'accepte que des situations incertaines. Les

nouveaux journaux, les théâtres qui se fondent,
les cabinets des ministres, si cela t'est possible,
doivent être plus désignés à ton ambition, parce
qu'ils sont passagers par leur nature. Tes
maîtres n'exigeront pas trop de toi pour que tu
n'exiges pas trop d'eux-mêmes. Ce seront des
hommes dans ton genre avec quelques années
de plus.

Ne prête pas d'attention au mépris apparent
que pourront te témoigner des médiocres, parce
que tu ne gagnes pas un argent régulier.

Si tu rencontres un ami arrivé, jadis semblable à toi, aujourd'hui bon fonctionnaire,
richement marié, et s'il te prend en pitié à
cause de ton état instable, appuie-toi, pour résister à son hypocrite sympathie, sur l'amour
de toi-même, comme sur une colonne de
marbre. Pardonne-lui l'excès de bonté qu'il te
témoigne puisqu'il ne soupçonne même pas
quelle hauteur tu veux atteindre.

LA RICHESSE QUI DONNE L'AMITIÉ

Tâche d'avoir des amis.

On les acquiert d'abord par son visage bienveillant, la facilité qu'on a à saluer des gens peu connus, à serrer des mains qui se tendent. Le goût des conversations sympathiques, l'amour qu'on a des autres et de soi-même font vite que beaucoup de gens ont du plaisir à vous voir.

Mais ce n'est pas assez. Il faut choisir. Ne laisse pas au hasard d'une rencontre, à un voisinage, le soin de te donner des amis.

Une fois que tu auras élu un ami dans ton cœur, ne crains pas de l'importuner par des visites inattendues, des politesses excessives. Ne te laisse pas rebuter par sa froideur. Tu lui apportes, avec la prédilection de ta sympathie, une immense richesse, la même que tu attends de lui. Il comprendra forcément à la longue quel avantage vous avez tous deux à ce commerce idéal.

Ce n'est jamais une aide matérielle que tu dois attendre de l'amitié. Garde-toi par exemple d'emprunter de l'argent à ton ami, même si tu l'as entendu déclarer plusieurs fois que l'argent est une chose méprisable, que lorsque l'un en a, l'autre doit en avoir, etc. On ne sait jamais jusqu'où plongent les racines de l'intérêt. Observe une semblable réserve si ton ami est très riche.

Les biens de l'amitié sont plus précieux que n'importe quelle somme d'argent. Ils sont le sentiment que l'effort est partagé, que l'action solitaire qu'on accomplit est agrandie par la sympathie de l'ami, que l'injure qu'on reçoit, l'échec qu'on éprouve est diminué, rendu insignifiant ou plaisant par les commentaires favorables qu'en fait l'ami.

Rends avec soin ce qui t'est donné dans ce domaine. Intéresse-toi aux moindres faits de la vie de ton ami, au récit de ses amours, aux détails de son budget, à ses souvenirs de service militaire.

Ne dis jamais de mal de lui, car tout se sait. Surtout n'en pense pas quoi qu'il fasse. Aie pour lui la même indulgence que pour toi.

S'il a une maîtresse, ne lui fais pas la cour. Elle se hâterait de l'en prévenir, en amplifiant ton audace, en transformant en perfidie ton goût naturel des femmes. Ne va pas non plus être trop froid à son égard, ne la regarde pas avec une complète indifférence. Elle te considérerait alors comme un mortel ennemi, elle t'accuserait de vouloir la faire rompre avec son amant et il lui serait très aisé de te brouiller avec lui ; l'amour a toujours le pas sur l'amitié.

Fais donc entendre une bonne fois à cette maîtresse par quelque parole à double sens que c'est elle que tu aurais aimée si l'amitié sacrée ne vous avait pas séparés irrévocablement. N'en parle jamais ensuite. Sa vanité sera satisfaite et elle attribuera tes indifférences pour elle à un scrupule sublime.

N'attends aucun service de tes amis. Quand ils demanderont quelque chose pour toi, ce ne seront que des choses très modestes, bien au-dessous de ta valeur. Tu t'étonneras que des êtres qui t'aiment, dont tu as éprouvé les sentiments, te méconnaissent ainsi, ne te jugent digne que d'avantages tellement médiocres que tu ne pourrais les accepter sans honte.

Cela tient à ce qu'ils ne te situent pas dans la vie. L'amitié leur a révélé tes faiblesses. Ce sont elles qu'ils voient, plutôt que tes qualités.

Seuls, des hommes que tu connais à peine oseront te rendre de vrais services. Tu auras à leurs yeux le prestige d'un talent qu'ils ignorent, dont ils ne savent pas les petits côtés.

Tes amis ne peuvent t'offrir que la douceur de la main tendue, des projets qu'on fait ensemble, des espérances qu'on partage, le plaisir inestimable de se raconter l'un à l'autre...

Et c'est bien assez.

Mais, crois-moi, garde-toi de t'enorgueillir

d'amitiés puissantes ou illustres. Ta force est dans les liens qui t'unissent à ceux qui sont semblables à toi, seraient-ils plus humbles même, à la troupe famélique de ceux que la vie n'a pas favorisés, aux poètes des hôtels garnis à deux francs, aux écrivains qui habitent au sixième étage, aux auteurs dramatiques qui se font comédiens pour vivre.

Sache bien que ces modestes compagnons avec leurs redingotes usées, leurs bottines où passe l'eau, leurs cheveux longs, ont une influence plus véritable que tous les hommes arrivés avec leurs paroles conventionnelles. Car leur désintéressement les précède et les défend, car seuls les cris qui partent d'en bas peuvent monter très haut et être entendus très loin.

LA FORCE DE L'HOMME JOYEUX

Il faut une grande force d'âme pour sentir, quand il fait froid, les bouffées chaudes des cafés devant lesquels on passe, où il y a des nappes blanches, des boissons qui miroitent et où l'on ne peut pas s'arrêter.

Il est ennuyeux de ne pas manger à sa faim, dans le petit restaurant où l'on paie, d'être privé de dessert comme quand on était enfant et qu'on était puni, de regretter les vingt centimes que le café coûte en supplément.

Il est ennuyeux de répondre à ses amis qui s'en vont en bande à Bullier qu'on est fatigué,

qu'on a mal à la tête, alors qu'on a une envie
folle de participer aux élégances de ce lieu,
parce qu'on ne peut disposer de la petite somme
que coûte l'entrée !

Réclamations du propriétaire et du tailleur,
papier qu'apporte l'employé de Dufayel, ser-
viettes trouées, bottines ressemelées, odeurs de
bois moisi, vous brisez le courage des cœurs
les mieux trempés.

O jeune homme, développe en toi ton allégresse, ta gaîté ; sois, en dépit des événements
et de la mauvaise fortune, un homme joyeux.

L'homme joyeux est fort, même s'il est laid
et mal vêtu, parce qu'il rit de celui qui est beau
et élégant. L'homme joyeux regarde bien en
face, serre la main très fort et fait comprendre
tout de suite qu'il est joyeux.

Lorsqu'il va dîner dans la maison du riche, il
n'est pas sensible à l'ironie discrète, mais
réelle, du laquais rasé qui prend obséquieusement son pardessus et qui en regarde la doublure déchirée, parce que, par son geste, par
son attitude, il a montré qu'il savait bien que la
doublure était déchirée, que cela lui était égal,

qu'il en riait, et que par-dessus le marché il riait du laquais rasé et de son pauvre métier.

L'homme joyeux n'a pas de fausse honte si le riche offre de lui prêter de l'argent, même s'il le fait à la manière habituelle des riches, d'une façon ostensible, humiliante, comme une aumône. Il accepte et il a raison, car il sait que ce riche est un médiocre oisif, tandis que lui travaille de sa pensée. Il considère que c'est là un bienfait général que cette richesse, au lieu d'être jouée aux cartes, au lieu de payer des livrées, des tapis, des bijoux, au lieu de servir à entretenir un luxe criard, lui permette d'acheter des livres, un chapeau, des souliers, de donner vingt francs à une petite femme qui passe et qui n'a pas d'argent et il rit de l'humiliation qui lui est imposée par ce passage de la richesse d'une main dans l'autre, qui est une forme de la justice.

Il n'aura qu'à se souvenir de Baudelaire et de ses créanciers, de Verlaine dans les cafés du quartier latin. Il pourra se dire, en voyant passer des voitures élégantes, que les biens les plus charmants, la lumière, la richesse des visages, la beauté de la ville sont à tous, qu'on voit mieux Paris quand on est à pied. Ainsi il ne connaîtra pas de la vie seulement la forme extérieure, la surface ; il pénétrera jusqu'à son cœur par les ruelles tortueuses où il y a plus d'hommes qui vivent à mesure qu'elles deviennent plus étroites. Il saura plus de choses parce qu'il aura eu moins d'argent.

L'homme joyeux rira de l'avarice des puissants, de leur soif de garder jalousement ce qu'ils ont acquis ; il rira des conventions modernes, des efforts immenses vers des buts mesquins, des décorations, des honneurs, de la gloire dérisoire d'être directeur de quelque chose, préfet ou ministre ; il rira des poètes officiels, des cuistres assermentés, des gérontes orgueilleux, des académiciens, des pontifes, de tous les mornes adorateurs de la médiocrité, de tout ce qui est immobile, figé, esclave.

Y a-t-il une fin à ta course? Le petit appartement que tu conquerras par bien des efforts,
les meubles de Dufayel, les livres achetés un à
un, les portraits d'actrices dans des cadres à bon
marché, résisteront-ils à l'assaut des créanciers,
ou seront-ils emportés ou dispersés? Ne seras-
tu pas débordé par l'étrenne de la concierge, la
feuille bleue de l'impôt, le fiacre imprudemment
offert, le prix du pétrole et du charbon? Ne sen-
tiras-tu pas, un soir, un immense écœurement
pour la nourriture des bouillons Chartier, ton
escalier où il y a des pots de lait à chaque étage,
ton logis mal éclairé et trop étroit?

As-tu vraiment du talent? Chacun le saura-
t-il un jour? Ou ta maîtresse et un ou deux amis
qui fondent avec toi des revues, en seront-ils
seuls persuadés? Cette théorie est-elle bien
vraie qui dit que la chance passe tôt ou tard
pour chacun et qu'il suffit de l'attendre et de
l'aider?

Trouveras-tu ton repas quotidien, loup de la
fable? Ne regretteras-tu pas le collier du chien?
Atteindras-tu le but, coureur?

O jeune homme, ô mon frère, ici s'arrête ce
que je sais.

Plusieurs fois déjà je t'ai vu passer, je t'ai
guetté et suivi dans la rue, afin de presser ta
main. Et j'avais envie de m'élancer vers toi et de
te dire :

« Je sais. Comme la mienne autrefois, ta
lampe fume à cause de la mèche qu'une femme
de ménage négligente mouche mal. Il y a des
cendres sur le foyer, une légère odeur de suie,
une déchirure dans le tapis et peut-être aussi
redis-tu, le soir, comme je l'ai fait, ces vers
admirables :

> La maîtresse a quitté l'amant
> A cause de l'appartement (1).

« Mais va, il y a des poèmes meilleurs encore et plus joyeux et une foule de tapis neufs dans les grands magasins. Du reste, la meilleure beauté n'est pas plus dans le luxe de l'endroit où l'on vit que dans le regard d'une maîtresse. Une belle lumière peut briller, même si la femme de ménage n'a pas nettoyé la lampe et si la mèche fume, tachant de poussière noire les portraits aimés... »

Mais je n'ai pas osé. Devant toi, jeune homme pauvre, une grande timidité m'a saisi, je me serais nommé et tu m'aurais dit :

« Qui êtes-vous? »

Et puis, par la puissance d'une invraisemblable espérance, n'aurais-tu pas souri de mes paroles?

Et puis, quand je t'aurais dit la nécessité d'un effort patient et quotidien pour résister à tous tes protecteurs et ne pas obtenir les palmes académiques, peut-être, écartant ton pardessus et

(1) Ces vers sont du poète GABRIEL DE LAUTREC.

me montrant ta boutonnière, m'aurais-tu répondu avec orgueil.

« Je les ai. »

Aussi je t'ai regardé t'éloigner, chétif et
mince, parmi les omnibus terribles, les maisons
immenses. Tu n'avais pas l'air de connaître ta
petitesse ; tu tenais ta canne comme une épée.
Et j'ai admiré avec quelle autorité peut résonner
sur le pavé de la rue une bottine où il y a un
trou.

TABLE DES MATIÈRES

La conquête des femmes.

Préface.   3

Grande importance des femmes   9

Prestige d'une mauvaise réputation 15

Facilité des femmes. 21

Est-il indispensable d'être riche?. 27

Choix du milieu. 33

Recherche de la femme idéale 39

La première impression 43

Rapports du bonheur et des vêtements qu'on porte au
    moment où on est heureux. 47

Méthode sentimentale : théorie des âmes-sœurs; dan-
    ger du parapluie, etc. 55

Méthode de la dissimulation. 65

Méthode de la prophétie et de la magie. 71

Méthode de la puissance d'attraction. 77

Méthode du viol. 81
Méthode du cynisme (art de tromper) 85
Les comparaisons. 93
L'homme qui n'a qu'une femme. 97
Plaisirs physiques (les simulacres). 101
Une femme en attire une autre 107
L'insistance et l'occasion 113
Les femmes grosses. 117
Force que donnent la crédulité et l'ignorance 121
La maîtresse et les amis. 129
L'indiscrétion, les confidents, les bonnes. 137
Force que donne l'absence de jalousie 143
Les rendez-vous. 149
Absurdité de la pitié. 155
Les maîtresses laides 159
Étrange prestige des actrices 163
Dufayel 169
La confiance en soi 173
Réussit-on par les femmes, ou vous empêchent-elles
    de réussir?. 177
Les aventures en chemin de fer 181
Les bienfaits 187
Supériorité des femmes rosses. 191
La ligue contre le bonheur 195
Rapports entre les femmes et les choses de la pensée. 199
Divers 203
La fourmi ailée 207
Rupture. 211
Le plus grand ennemi. 217
Le désir. 221

Conseils à un jeune homme pauvre
qui vient faire de la littérature à Paris.

De l'hôtel garni. 229

La question d'argent. 235

Importance des habits. 241

Les maitresses. 243

Manière de se conduire avec les hommes influents. . 249

Le prestige du monde 253

Possibilité de faire fortune par le jeu. 259

Les petites annonces : emprunts, beaux mariages,
maitresses désintéressées 261

Faut-il avoir une situation? 267

La richesse qui donne l'amitié. 271

La force de l'homme joyeux 277

* 281

ÉMILE COLIN ET Cie — IMPRIMERIE DE LAGNY

E. GREVIN, SUCC^r

BIBLIOTHÈQUE
NATIONALE

CHÂTEAU
de
SABLÉ

1991